HOME DEFENSE

Grundlagen für den Schusswaffengebrauch im Einbruchsfall - 1. Auflage 2016

WWW.K-ISOM.COM

K-ISOM

KOMMANDO - INTERNATIONAL SPECIAL OPERATIONS MAGAZINE

ANDREA MICHELI
HOME DEFENSE

Grundlagen für den Schusswaffengebrauch im Einbruchsfall - 1. Auflage 2016

INHALT

„Wir schlafen sicher in unseren Betten, weil in der Nacht raue Männer bereit sind Gewalt gegen all jene anzuwenden, die uns schaden wollen.“

George Orwell

VORWORT

Foreword by Gabriel Suarez
The reason you are reading this book is that you do not harbor any fantasies or illusions about the kindness and gentleness of humankind. Quite to the contrary, you have realized that of all men on earth, there is a percentage that is evil. A percentage that would take from you that which you have worked for... that which you love. Of course, I am not referring to possessions that can be replaced, but to lives, yours and that of those you love.
This is the second foreword I have written to one of Andrea Micheli's books. I hope it will not be the last. Andrea and I have discussed the topic of Home Defense in the past and we both agree that the American way to address the problem would not fit European context well. Each „Area of Operations" has its own peculiarities especially from a legal standpoint, and what works in Arizona may not necessarily be the same in Zurich or somewhere else. Few instructors understand these matters as well as how to solve them tactically than Andrea. A skilled operator, a gifted teacher, and perhaps the best tactical writer In Europe, Andrea is perfectly qualified to present this information.
Read this book and digest its contents. It will make your life and your home a safe haven not only for you, but also for those who dwell therein ...and a difficult and foreboding target that the purveyors of evil will simply pass by on their way elsewhere.

Gabriel Suarez
Suarez International, Inc.
Prescott, Arizona 2015

Vorwort von Gabe Suarez: Der Grund, weshalb Sie dieses Buch lesen, ist, dass Sie sich keinen Illusionen oder Fantasien in Bezug auf die Güte und den Sanftmut der Menschheit hingeben. Ganz im Gegenteil – Sie haben realisiert, dass es unter allen Menschen auf der Erde einen Prozentsatz gibt, der schlicht böse ist. Ein Prozentsatz, der Ihnen das nehmen würde, für was Sie hart gearbeitet haben und das, was Sie lieben. Natürlich spreche ich nicht von materiellem Besitz, der ersetzt werden kann, sondern von Leben, Ihrem eigenen und dem der Menschen, die Sie lieben.
Dies ist das zweite Vorwort, das ich für eines von Andrea Michelis Büchern verfasst habe. Ich hoffe, es wird nicht das letzte sein. Andrea und ich haben das Thema „Verteidigung zuhause" in der Vergangenheit ausführlich besprochen, und wir sind uns beide einig, dass der amerikani-

sche Ansatz das Problem anzugehen, nicht gut in einen europäischen Kontext passt. Jedes „Einsatzgebiet“ hat seine Eigenheiten, nicht zuletzt auch von einem rechtlichen/gesetzgeberischen Standpunkt aus betrachtet. Was in Arizona funktioniert, muss in Zürich und anderswo nicht notwendigerweise auch funktionieren.
Wenige Instruktoren verstehen diese Thematik und wissen besser, wie man sie taktisch löst, als Andrea. Als geschickter Operator, begabter Instruktor und als wahrscheinlich bester taktischer Autor Europas ist Andrea bestens dafür qualifiziert, diese Informationen zu präsentieren.
Lesen Sie dieses Buch und lassen Sie seinen Inhalt auf sich wirken. Es wird Ihr Leben sicher und Ihr Heim zu einem geschützten Hafen machen, nicht nur für Sie, sondern für alle, die mit Ihnen leben. Für die Botschafter des Bösen wird es zu einem schwierigen und abschreckenden Ziel, sodass diese unverrichteter Dinge weiterziehen werden.

Foreword by Dr. Lawrence E. Heiskell
In 2008 I had the fortunate opportunity to meet Andrea Micheli in the United States while he was attending the Tactical Medicine Course in Palm Springs, California. That interaction developed into a long friendship and a partnership for conducting courses in Europe together.
The concept of home defense is evolving in light of our changing geo-political environment. The necessity for being prepared to defend your home and protect your family is paramount. To do so you must have the knowledge and skills to do so. In order to not become a victim one must be in a constant state of mental and physical preparedness and have the ability to defend your property and the lives of your family if they are threatened by criminals, thugs or simply random acts of violence.
Most people are hurt because they were not aware they were in danger and did not take the appropriate action until it was too late. This book teaches you not only you how to accomplish the goal of defending yourself and your loved ones, but also what to do in case someone might get injured during this risky task. I cannot imagine a better person for presenting you all this information than Andrea Micheli, a good friend and ISTM instructor.

Lawrence E. Heiskell, MD, FACEP, FAAFP
Founder and Director
International School of Tactical Medicine
Rancho Mirage, California 2015

Vorwort von Dr. Lawrence E. Heiskell: 2008 hatte ich das Vergnügen Andrea Micheli in den Vereinigten Staaten zu treffen, als er den Tactical

Medical Course in Palm Springs besuchte. Diese Begegnung führte zu einer langen Freundschaft und zur Zusammenarbeit bei der Durchführung von verschiedenen Kursen in Europa.
Das Konzept der „häuslichen Verteidigung" entwickelt sich in Anbetracht des sich verändernden geopolitischen Umfelds immer weiter. Die Notwendigkeit, vorbereitet zu sein und seine Familie zu beschützen, ist von höchster Bedeutung. Dazu muss man jedoch über Wissen und Fähigkeiten verfügen. Um nicht zu einem Opfer zu werden, muss man in einem ständigen Zustand der mentalen und körperlichen Bereitschaft sein und die Möglichkeit haben, seinen Besitz und das Leben seiner Familie zu beschützen, wenn diese von Kriminellen, Schurken oder durch zufällige Gewalttaten bedroht werden.
Die meisten Menschen werden verletzt, weil sie sich nicht bewusst waren, dass sie sich in Gefahr befanden und nicht die angemessenen Maßnahmen eingeleitet hatten, bis es zu spät war. Dieses Buch bringt Ihnen nicht nur bei, das Ziel zu erreichen, sich selbst und Ihre Familie zu verteidigen. Es gibt Ihnen außerdem Maßnahmen in die Hand, wie Sie sich verhalten, wenn jemand bei diesem riskanten Unternehmen verletzt wird.
Ich kann mir niemand anderes vorstellen, der Ihnen diese Informationen besser präsentieren könnte, als Andrea Micheli, ein guter Freund und ISTM-Instruktor.

Foreword by Mark Warren

It is 3:00 am and you are in bed asleep when you are awakened by glass breaking. You lay there asking yourself the usual questions; did I hear glass breaking or was I dreaming? You continue to listen and finally it becomes reality there is someone in your house. Your children are in their bedrooms across the hall, you have called the police and they are coming, but it will take 10-15 minutes, what do you do until they get there?
If you have this book in your hand you have probably already asked yourself these questions and you are looking for the best answer. There is always more than one answer to every situation but which one is best for you? If you have not thought about all of the possibilities and outcomes then you may find yourself needing to decide when stress is very high and lives possibly at risk.
I have had the pleasure of knowing Andrea for many years. I have trained with him and had lengthy discussions about various tactics and principles. While we understand every situation may require a different answer the approach taken in this book will be from Andrea's perspective, *"what if it was my wife and child at risk?"* I am confident he would not tell you something he is not willing to do if it was he and his family in the same circumstances.

You will have to take the thoughts and knowledge from this book and apply it to your particular circumstances. You will have to weigh the possible entry points into your residence; if you are in bed; are there children or others in separate rooms; is the residence a split level with some rooms upstairs and downstairs; when should you attempt to push the fight to the intruder versus ambush them; how to create a safe room; what should you educate the various members of your family to do in the situation.
There are a lot of theories available whether in classes, in books, or on the Internet however they are given only on what that particular person would do given their understanding in their circumstances. You want and need someone willing to provide guidance based on understanding all of the dynamics and possibilities to assist you in determining what is the best course of action for your particular circumstances. Read this book with an open mind, digest the information and ask your self the important questions about your situation and then formulate the best response for you.
In closing I can tell you that I would emphatically trust Andrea to provide me with assistance and guidance to protect my family. There are very few people in this world I would trust with my family's lives, but I can say Andrea is one of them. I am also confident in saying that I hope and pray that you never need to use this information but I am glad that you want to be prepared

Mark Warren
Vice-President
Strategos International
Grandview, Missouri 2015

Vorwort von Mark Warren: Es ist drei Uhr morgens. Sie liegen schlafend in ihrem Bett und werden vom Geräusch zersplitternden Glases geweckt. Sie liegen da und die üblichen Fragen gehen Ihnen durch den Kopf: Habe ich gerade Glas zersplittern hören oder habe ich geträumt? Sie lauschen weiter und es wird real, da ist jemand in ihrem Haus. Ihre Kinder sind in ihren Schlafzimmern am anderen Ende des Ganges, Sie haben die Polizei angerufen, und die ist unterwegs – aber das wird 10 bis 15 Minuten dauern. Was tun Sie, bis die Polizei da ist?
Wenn Sie dieses Buch in den Händen halten, haben Sie sich genau diese Fragen schon gestellt und suchen nach der besten Antwort. Es gibt immer mehr als eine Antwort für jede Situation, aber welche ist die beste für Sie? Wenn Sie nicht über alle diese Möglichkeiten und ihren möglichen Ausgang nachgedacht haben, könnten Sie sich in der Situation wiederfinden, entscheiden zu müssen, wenn der Stress am größten ist und Leben auf dem Spiel stehen.

Ich habe das Privileg, Andrea seit vielen Jahren zu kennen. Ich habe mit ihm trainiert und wir haben viele lange Diskussionen über Taktiken sowie Prinzipien geführt. Wir sind uns bewusst, dass jede Situation nach einer anderen Antwort verlangen mag. Die Herangehensweise in diesem Buch ist Andreas Perspektive, nämlich: „*Was, wenn meine Frau und mein Kind in Gefahr wären?*“ Ich bin mir sicher, er würde Ihnen nichts empfehlen, das er nicht auch tun würde, wenn es um seine Familie in derselben Situation gehen würde.
Sie werden die Gedanken und das Wissen in diesem Buch auf Ihre jeweilige Lage anwenden müssen. Sie werden möglich Angriffspunkte in Ihrem Heim abwägen müssen: Ob Sie im Bett sind, die Kinder oder andere Personen sich in unterschiedlichen Räumen aufhalten, Ihr Wohnraum auf verschiedene Stockwerke verteilt ist, wann sollten Sie den Eindringling konfrontieren oder wann in einen Hinterhalt locken, wie bereiten Sie einen sicheren Raum vor, welche Verhaltensregeln bringen Sie den verschiedenen Familienmitgliedern für diese Situationen bei.
Zu diesem Thema sind viele Theorien zugänglich, sei es in Kursen, in Büchern oder im Internet. Es handelt sich aber immer nur um Ratschläge, wie sich eine bestimmte Person in ihrem jeweiligen Umfeld verhalten würde. Sie brauchen aber jemanden, der in der Lage ist, Ihnen Hilfestellungen zu geben, die auf einem Verständnis aller Möglichkeiten und Dynamiken beruhen. Lesen Sie dieses Buch unvoreingenommen. Verarbeiten Sie die Informationen und stellen Sie sich die richtigen Fragen zu Ihrer Situation und definieren Sie dann die beste Taktik für sich selber.
Abschließend kann ich Ihnen versichern, dass ich mich jederzeit vorbehaltlos auf Andrea verlassen würde, um mir mit Rat und Hilfe beim Schutz meiner Familie beizustehen. Es gibt nur ganz wenige Menschen auf der Welt, denen ich die Sicherheit meiner Familie anvertrauen würde und Andrea ist mit Sicherheit einer davon. Ich bin zuversichtlich und hoffe inständig, dass Sie dieses Wissen niemals anwenden werden müssen, bin jedoch froh, dass Sie sich für den Fall der Fälle mit dem Thema auseinandersetzen.

Notwehr ist im Strafrecht und Privatrecht Deutschlands die Verteidigung, die erforderlich ist, um einen gegenwärtigen rechtswidrigen Angriff von sich oder einem anderen abzuwenden (vgl. § 227 Abs. 2 BGB, § 32 Abs. 2 Strafgesetzbuch, § 15 Abs. 2 OWiG).

Eine Notwehrhandlung, die diesen gesetzlichen Kriterien entspricht, ist ein gerechtfertigter Eingriff in die Rechtsgüter des Angreifers und damit kein strafbares Unrecht.

Zitat Deutsche Rechtsprechung

In der Schweiz ist Notwehr in Art. 15 StGB geregelt. Wird jemand ohne Recht angegriffen oder unmittelbar mit einem Angriff bedroht, ist es erlaubt, den Angriff in einer den Umständen angemessenen Weise abzuwehren.

Art. 17 Notstand: Wer eine mit Strafe bedrohte Tat begeht, um ein eigenes oder das Rechtsgut einer anderen Person aus einer unmittelbaren, nicht anders abwendbaren Gefahr zu retten, handelt rechtmäßig, wenn er dadurch höherwertige Interessen wahrt.

Zitat Schweizer Rechtsprechung

Notwehr ist in Österreich in §3 StGB geregelt. Es ist erlaubt, sich der Verteidigung zu bedienen, die notwendig ist, um einen gegenwärtigen oder unmittelbar drohenden rechtswidrigen Angriff auf Leben, Gesundheit, körperliche Unversehrtheit, Freiheit oder Vermögen von sich oder einem anderen abzuwehren.

Zitat Rechtsprechung in Österreich

BEGLEITWORT

Begleitwort von Sören Sünkler

Das Gewaltmonopol liegt beim Staat. Daran führt in einer wehrhaften Demokratie kein Weg vorbei, und das ist gut so. Unsere Polizei ist in der Regel gut ausgebildet und ausgerüstet und im Notfall schnell zur Stelle. Staatsrechtlich gehört die Polizei zur Exekutive und übt nach Art. 20 Abs. 2 des BRD-Grundgesetzes einen Teil der Staatsgewalt, die Polizeigewalt, aus. Aufgabe der Polizei ist demnach die Abwehr von Gefahren für die öffentliche Sicherheit und Ordnung. Neben der Gefahrenabwehr im eigentlichen Sinne ist heute jedoch auch die vorbeugende Bekämpfung von Straftaten und die Vorbereitung auf die Gefahrenabwehr getreten. Wir rufen die Polizei, wenn unser Leben bedroht ist oder eingebrochen wird. Ausnahmen vom Gewaltmonopol des Staates bilden z. B. das Notwehrrecht. Dies ist das Recht zur Verteidigung, die erforderlich ist, um einen gegenwärtigen rechtswidrigen Angriff von sich oder einem anderen abzuwenden. Davon kann und darf jeder Bürger Gebrauch machen, wenn er die strengen rechtlichen Auflagen dazu beachtet. Ein wichtiger Grundsatz ist das Verhältnismäßigkeitsprinzip, das den legitimen Zweck der Maßnahme, die Geeignetheit der Maßnahme zur Erfüllung des Zwecks, die Erforderlichkeit dieser und keiner milderen Maßnahme und die Angemessenheit der Maßnahme umfasst. Demnach ist die maximale Ausnutzung des Notwehrrechts, auch mit der Schusswaffe, eine absolute Seltenheit. Auf jeden Fall sollte man die Umsetzung und deren Einsatz gewissenhaft prüfen. In einer Stresssituation wird man in der Regel dazu keine zweite Chance erhalten. Gewaltanmaßung und „Selbstjustiz" sind bei Strafe verboten. Die Staatsgewalt beansprucht für sich zurecht das alleinige Recht über die Gewaltmonopol des Staates, Handlungen eines öffentlichen Amtes, wie die Ausübung unmittelbaren körperlichen Zwanges, Verhaftungen oder Verurteilungen, ausüben zu dürfen. Gesetze regeln, welche Träger der Staatsgewalt als Vollzugskräfte zur Ausübung des unmittelbaren Zwanges eigens ermächtigt sind. Der Durchschnittsbürger ist es sicherlich nicht. Demnach sollte die eigene Inanspruchnahme des Notwehrrechts sehr gut überlegt werden.

Um in einer extremen Gefahrenlage nicht „eiskalt" mit diesem Thema konfrontiert zu werden, hat der erfolgreiche K-ISOM-Autor und mein langjähriger Weggefährte Andrea Micheli einige rechtlichen Grundsätze und taktische Vorschläge zusammengetragen. Die Lektüre dieser umfangreichen Grundlagen erleichtern dem Leser in kritischen Momenten auch die richtige Entscheidungen zu treffen und sich nicht selber strafbar zu machen oder Opfer zu werden. Dies schließt Berufswaffenträger, Sicherheitspersonal und andere Legalwaffenbesitzer mit ein. Es handelt sich hierbei um einen nicht rechtsverbindlichen Ratgeber für die eigene bewaffnete Notwehr und Extremsituationen mit der Waffe. Die Polizei sollte immer dazugerufen werden.

Sören Sünkler

Chefredakteur K-ISOM (Kommando, International Special Operations Magazine)

Nürnberg, Dezember 2015

GELEITWORT

Geleitwort von Dr. Th. Schiller

Vieles im Leben - und ganz besonders in der Publizistik - ist eine Frage des Timings. Andrea Michelis neues Buch kommt gerade jetzt zu einer Zeit heraus, wo im deutschsprachigen Raum das individuelle Sicherheitsgefühl in der Bevölkerung in einer seit Ende des 2. Weltkriegs noch nicht dagewesenen Art schwindet. Dazu trugen die Banken- und Wirtschaftskrisen seit Beginn des 21. Jahrhunderts oder der Krim-Konflikt genauso bei, wie der immer wieder in den verschiedensten Anschlagsarten auftretende religiös motivierte Terrorismus.

Der Wunschtraum von einem friedlichen Europa, der einst die Einführung des Euros und die Politik der offenen Grenzen im Schengen-Raum begleitete, scheint heute geplatzt zu sein. Und als wenn es noch eines weiteren Anstoßes bedurft hätte, so offenbarte sich seit dem Herbst 2015 ein massives und systemisches Versagen der EU-Bürokratie und mehr noch der jeweiligen Staatsapparate, gerade wie hier in Deutschland angesichts der seit geraumer Zeit schon anwachsenden nicht gewaltfreien Migrationsbewegungen. In einer solchen Gemengelage ist es kein Wunder, wenn sich viele Mitmenschen fragen, wie sie sich und ihre Familie besser schützen können. Und das mit Recht: Denn das Grundvertrauen in die gesellschaftliche Ordnung ist leider erschüttert. Erste Erosionen waren schon seit langem erkennbar. Aber die skandalösen Vorkommnisse, die sich in der Sylvester-Nacht 2015/16 in Köln und anderen Orten Deutschlands und Europas manifestierten, machten sie jetzt deutlich sichtbar und führen zu einem Umdenken der Bürger. Der sprunghaft angestiegene Verkauf von Verteidigungsmitteln, der Run auf Selbstverteidigungs- und Sicherheitskurse spricht eine klare Sprache.

Aber wie kann, wie soll der Einzelne sich bei Angriffen schützen? Als Schweizer hat der Autor des vorliegenden Handbuchs eine etwas andere Sicht auf diese Frage, denn in seinem Land ist Mitspracherecht, Vorsorge, Eigensicherung und Selbstschutz etwas historisch Selbstverständliches - wie auch der private Waffenbesitz des Bürgers. Was nicht heißt, dass man im Land der Eidgenossen etwa damit Wildwest-artigen Zuständen oder dem „Recht des Stärkeren" Türe und Tor öffnete. Eher das Gegenteil ist der Fall. Ohne Regularien und klare juristische Grenzen geht es auch Schweiz nicht zu. Bezeichnenderweise gehört zur Einleitung des Buches ein aufschlussreiches Kapitel über die Rechtsgrundlagen der Notwehr, geschrieben von einem renommierten Schweizer Rechtsanwalt. Erst dann beginnt Andrea Micheli, den ich schon vor Jahren als kenntnisreichen Experten auf dem Sektor des praxisorientierten Schießausbildung, des Sicherheits- und Verteidigungswesen kennenlernen durfte, mit seinen Erläuterungen zum eigentlichen Thema. Didaktisch richtig setzt er sich mit den mentalen Vorgängen bei Notwehrsituationen und den materiellen, defensiven Möglichkeiten zur Sicherung der Wohnung oder Räumlichkeiten auseinander, bevor er im Text auf die Schußwaffen kommt und wie man mit ihnen generell und in gefährlichen Konfrontationen verantwortungsvoll umgeht.

Dr. David Th. Schiller
Terrorismusexperte und Publizist
Sankt Goarshausen, Januar 2016

EINLEITUNG

Die Welt ist im Umbruch und wir stehen in einen Zeitalter, das von sozialen und geopolitischen Unruhen geprägt ist. Immer mehr Staaten werden von Krieg und Terror erschüttert oder sind mit wirtschaftlichen Problemen konfrontiert, die die innere Stabilität sowie den sozialen Frieden gefährden. Tausende Menschen anderer Religionen und Kulturen sind auf der Flucht und strömen nach Europa. Viele Staaten stehen diesem Ansturm von Menschenmassen unvorbereitet und politisch hoffnungslos überfordert gegenüber – personell, materiell sowie finanziell. Dazu kommt, dass im Zuge der globalen Finanzkrise die Mittelklasse beinahe verschwunden ist und auch in Europa die Kluft zwischen Armut und Wohlstand immer größer wird. Dies verunsichert die hiesige Bevölkerung, schürt Zukunftsängste und das Misstrauen in die Politik, dass diese nicht in der Lage sind, für ihre Bürger zu sorgen und sie nötigenfalls zu beschützen. Diese Szenarien bewegen immer mehr Personen, sich ernsthafte Gedanken über die eigene Sicherheit zu machen und selber vorzusorgen, insbesondere in den eigenen vier Wänden.

Schließlich ist unsere Wohnung bzw. unser Haus das Sinnbild von Geborgenheit. Nirgends fühlen wir uns so sicher und ungezwungen wie zuhause. Nicht umsonst gibt es die Redewendung „sich wie zuhause fühlen", die dieses Empfinden am besten beschreibt. Genau in dieser vertrauten und intimen Umgebung kann eine Verletzung unserer Privatsphäre durch Drittpersonen umso schockierender und schmerzvoller sein. In den eigenen vier Wänden fühlen wir uns nicht nur entspannt, sondern sind meist von vertrauten Menschen umgeben, welche das Gefühl von Sicherheit zusätzlich erhöhen. Diese Kombination macht uns umso verwundbarer gegenüber einem Angriff auf unsere Privatsphäre und erschwert zusätzlich die Situation, falls man sich bei einem solchen Zuhause befindet und sich zur Wehr setzen müsste. In der Mehrheit der Fälle wird eingebrochen, wenn die Bewohner eines Hauses nicht anwesend sind (dies wird zumindest vermutet) oder schlafen. Ziel der Einbrecher sind in der Regel nicht die Bewohner selbst, sondern materielle Güter. Eine Begegnung findet meist ungewollt bzw. unabsichtlich statt und birgt oft einen „Schreck" für beide Seiten. Auf diese Überlegungen gestützt sollte man meinen, dass die Gefahr, bei sich zuhause überfallen zu werden, relativ klein ist. Doch wir leben in einer Wegwerf- und bargeldlosen Welt sowie im Zeitalter von Bankschließfächern. Dies wiederum macht den Einbrechern einen Strich durch die Rechnung, da diese kein Interesse daran haben, den Flachbildfernseher (der kaum mehr etwas kostet) oder sonstige Gegenstände wegzuschleppen, die schwer wiederverkäuflich sind. Bargeld, Uhren und echter Schmuck sowie mobile Kommunikations- und Unterhaltungsmittel wie Smartphones oder Computer sind heute das begehrte Gut. Anders als früher, als es keine Banken gab und die Leute das gesamte Vermögen unter der Matratze lagerten, hat seit der Verbreitung des bargeldlosen Zahlungsverkehrs kaum jemand Geld zuhause. Das gleiche gilt für echten teuren Schmuck: Wer etwas Wertvolles besitzt, bewahrt es entweder im Bankschließfach oder im eigenen Tresor auf. Das alles bringt eine neue Einbruchsgefahr an die Tagesordnung, bei der die „Räuber" dort zuschlagen wo sie vermuten, dass etwas zu holen ist (schicke Gegend, teures Auto in der Einfahrt, luxuriöses Haus usw.) und den Einbruch ge-

zielt begehen, wenn die Bewohner anwesend sind, beispielsweise wenn sie schlafen. Ziel: Durch eine kurze „Geiselnahme“ erfolgt die gezwungene Herausgabe von Geld oder sonstigen Wertgegenständen – meist unter Androhung oder gar Anwendung von Gewalt. Oft werden Pin-Codes für Bankkontokarten verlangt und der Besitzer muss evtl. gar die Diebe zum Bankautomaten begleiten, während Familienangehörige zuhause unter Bewachung und ständiger Angst warten müssen. Meist sind solche Einbrecher bandenmäßig organisiert und gehen resolut und äußerst rücksichtslos vor. Es könnte auch vorkommen, dass ein Einbruch ohne das Wissen begangen wird, dass die Eigentümer zuhause sind. Die Einbrecher sind mit einer nicht geplanten Situation konfrontiert und nutzen diese spontan aus. Wie auch immer die Situation sein mag: Jemand der in fremdes Eigentum eindringt ist bestimmt keine „feine“ Person und schließlich weiß man nicht, mit wem man es zu tun hat, was dessen Absichten sind und wozu dieser fähig und bereit ist.
Wie wir später in diesem Buch besprechen werden, ist es eines jeden Recht sich und seine Familie in einer solchen Lage zu schützen und wenn nötig, auch davon Gebrauch machen sollte. Primär gilt es (sofern die Lage es erlaubt) abzuwägen, was auf dem Spiel steht und die eigenen Handlungen entsprechend darauf auszurichten. Man sollte sich darüber bewusst sein, dass alle materiellen Güter ersetzbar sind. Das Leben eines Menschen (eventuell das eigene) jedoch nicht. Bevor man sich mit einer Waffe in der Hand aus dem Schlafzimmer begibt, um sich möglichen Einbrechern zu stellen, sollte man sich auch darüber im Klaren sein, dass dies tragisch enden könnte. Es gilt vorher zu beurteilen, ob unmittelbare Gefahren für die eigene Unversehrtheit oder die von Familienangehörigen bestehen, welche ein solches Vorgehen wirklich nötig machen und (auch vor dem Gesetz) rechtfertigen. Sollte dies der Fall sein, ist es wiederum von Vorteil zu wissen, wie man taktisch und technisch am besten vorgeht, um keine bösen Überraschungen zu erleben. Aufgrund der engen Platzverhältnisse, verkürzten Distanzen und unübersichtlichen Ecken und Winkeln, die man oft in einem Haus vorfindet, gelten beim Militär und im Polizeibereich Häuserkampf bzw. *High Risk Entries* als die blutigsten und gefährlichsten Einsatzszenarien. Das Gleiche gilt für die häusliche Selbstverteidigung.
Keiner, der ein bisschen Verstand besitzt, würde sich freiwillig in ein gefährliches Unterfangen begeben (dazu noch alleine!). Außer er ist dazu gezwungen. Besonders bei einem Einbruchsszenario herrschen sehr viele ungewisse Faktoren vor: Um wie viele Einbrecher handelt es sich, sind sie gefährlich oder harmlos, bewaffnet oder unbewaffnet? Hinzu kommt der emotionale Faktor, falls Familienangehörige in den Vorfall involviert sind. Durch eine im Affekt ausgeführte und überstürzte Handlung könnte das Wagnis zum Scheitern gebracht werden. Vorteile sind hier der Zeitfaktor (Einbrecher haben es meistens eilig) und Kenntnisse über die Lokalität. Man weiß, wie und wo man sich unter Berücksichtigung von Eigenschutz bzw. Deckungen am besten bewegt. Bei einem Einbruchszenario sollte das eigene Handeln vorwiegend von folgenden Punkten bestimmt werden: unmittelbare Gefahr für Leib und Leben, Anzahl der Bewohner im Haus, Lage des Hauses (isoliert/zentral). Ob man defensiv auf eine Aktion antwortet oder offensiv eine Aktion initiiert, wird von der Situation bestimmt, in der man sich wiederfindet.
Dieses Buch möchte Richtlinien aufzeigen, was man bei einem Worst-Case-Szenario eines Einbruchs/Überfalls berücksichtigen sollte. Auch für all jene, die strikt alle Anweisun-

gen und dargestellten Konzepte befolgen, gibt es keine Garantie, dass ihr Einsatz erfolgreich sein wird. Der Leser wird jedoch über Kenntnisse verfügen, welche in einer solch schwierigen Situation hilfreich sein werden. Besonders wenn es darum geht, die eigenen Risiken sowie die von Drittpersonen und Angehörigen möglichst gering zu halten. Schlussendlich hängt es von der jeweiligen Person (vorhandene Fähigkeiten) und ihrer individuellen Situation ab, ob ein Szenario positiv oder negativ ausgeht. Das Buch gelesen und die vorgestellten Konzepte – insofern möglich – auch umgesetzt zu haben (sei es im Schießstand und/oder „trocken“ Zuhause), sind zwei grundverschiedene Ausgangslagen. Diese können später im Ernstfall einen Unterschied ausmachen. Das Besuchen einer auf das Thema zugeschnittenen Schießausbildung kann ebenfalls ein gute Vorbereitung darstellen. Wie man zutreffend sagt: *„Bereite dich auf das Schlimmste vor und hoffe auf das Beste.“* In diesem Sinne wünsche ich eine gute Lektüre – respektive Umsetzung – in der Hoffnung, dass die gezeigten Konzepte niemals in Wirklichkeit gebraucht werden müssen.

Andrea Micheli
Zürich, Dezember 2015

Der Autor während einem seiner Home Defense-Kurse von tacticaladvantage.ch

DANKSAGUNG

Mein größter Dank gilt meiner Frau und meinem Sohn, für ihre Geduld und Nähe. Zudem bedanke ich mich bei all jenen, welche mich bei der Umsetzung meiner Buchidee unterstützt haben und insbesondere meine guten Freunde, Gabe Suarez (Suarez Intl. USA), Dr. Lawrence Heiskell (Intl. School of Tactical Medicine USA), Mark Warren (Strategos Intl USA), Dr. David Th. Schiller sowie für ihr tatkräftiges Engagement Alexander Frei (rechtlicher Teil), David C. (Fotos), und Stefan Gerber, der mir unzählige Stunden für die Fotos zur Seite stand. Ein großes Dankeschön natürlich auch an Sören Sünkler – Chefredakteur von K-ISOM (Kommando, International Special Operations Magazine) und enger Freund – für die Umsetzung des Buches. Natürlich dürfen meine Weggefährten von tacticaladvantage.ch, Giorgio Del Dianda und Moreno Andreotti, nicht fehlen, welche die Beschusstests durchgeführt haben.

... für Matteo

RECHTSGRUNDLAGEN (CH)

Grundlagen und Grenzen des Notwehrrechts im Zusammenhang mit Waffeneinsatz

1. Einleitung

Zur Wahrung und Herstellung von Ordnung, Sicherheit sowie des Rechtsfriedens beansprucht der moderne Rechtsstaat das Gewaltmonopol für sich. Hinter dem Prinzip steht die auf Thomas Hobbes zurückgehende Idee, dass die Angehörigen eines Staates ihr Selbstbestimmungs- und Selbstverteidigungsrecht auf den Souverän übertragen, der sie im Gegenzug voreinander schützt. Aus dem Gewaltmonopol fliesst nicht nur das Recht, sondern auch die Pflicht des Staates, die Sicherheit seiner Bürgerinnen und Bürger zu gewährleisten. Aufgrund des staatlichen Gewaltmonopols ist die Ausübung von Gewalt durch Privatpersonen (z.B. in Form von Faustrecht oder Selbstjustiz) grundsätzlich unzulässig. Das Gewaltmonopol des Staates kennt allerdings eine Ausnahme: Falls bei einer unmittelbaren Gefährdung nicht rechtzeitig staatliche Hilfe erlangt werden kann, sind Private unter gewissen eng begrenzten Voraussetzungen befugt, selbst Gewalt anzuwenden, um die drohende Verletzung ihrer Rechtsgüter abzuwenden.

Der Schweizer Gesetzgeber hat diese Selbsthilferechte und deren Voraussetzungen unter anderem in den Bestimmungen zur Notwehr und zum Notstand gemäß Art. 15 ff. des Strafgesetzbuches (StGB) sowie im Artikel 218 der Strafprozessordnung (StPO) betreffend das Festnahmerecht durch Private geregelt. Entsprechend ihrem Ausnahmecharakter unterliegen die privaten Selbsthilferechte strengen Voraussetzungen und Grenzen. Ist z. B. die unmittelbare Gefahr vorüber, liegt das Recht zur Gewaltanwendung wieder allein beim Staat.

Der Einsatz von Schusswaffen kann unterschiedlichste Auswirkungen haben, die gezielt und gewollt oder aber aus Versehen und ungewollt hervorgerufen werden. Werden Schusswaffen direkt gegen Personen eingesetzt, erleiden diese möglicherweise schwere Verletzungen oder werden gar getötet. Im Zusammenhang mit dem Thema des vorliegenden Buches interessiert daher insbesondere die Frage, wann und unter welchen Voraussetzungen der Gebrauch einer Schusswaffe oder milderer Abwehrmittel aufgrund einer Notwehrlage noch vom Notwehrrecht gedeckt ist und welches die rechtlichen Konsequenzen sind, wenn dies nicht (oder nicht mehr) der Fall ist. Weil gemäß der bundesgerichtlichen Rechtsprechung[1] für die Beurteilung der Verhältnismäßigkeit der Abwehr in einer Notwehrsituation immer die Gesamtheit der Umstände des konkreten Einzelfalls maßgebend sind[2], kann der vorliegende Beitrag nicht jede erdenkliche Konstellation behandeln. Zudem würde dies den Rahmen des Beitrags in diesem Buch bei Weitem sprengen. Vielmehr soll versucht werden, das allgemeine Konzept des Notwehrrechts als gesetzlichen Rechtfertigungsgrund darzustellen und dessen Voraussetzungen zu erläutern, wobei jeweils nachfolgend an die Dogmatik auf sich ergebende Schwierigkeiten beim Schusswaffeneinsatz eingegangen wird. Gestützt auf bereits ergangene Urteile des Bundesgerichts

1) Sämtliche Urteile sind über die Entscheid-Datenbank <http://www.bger.ch> zugänglich.
2) vgl. BGE 136 IV 49 E. 3.2 und 3.3 mit Hinweisen.

im Zusammenhang mit dem Notwehrrecht wird der Versuch unternommen, die für den Schusswaffeneinsatz wichtigen Aspekte zusammenzufassen und die daraus resultierenden Grundsätze zu formulieren. Im Anschluss daran werden die sich bei Fehlen der Notwehrlage oder Überschreitung der Grenzen der Abwehr ergebenden Konsequenzen thematisiert. Zum Abschluss des Beitrags werden noch einige Spezialfragen behandelt, wie etwa der Einsatz der Ordonanzwaffe als Notwehrmittel, die Frage der zivilrechtlichen Haftung sowie die Pflicht zur Leistung von Nothilfe im Verletzungsfall.

2. Definition von Notwehr und Abgrenzung zum Notstand

Notwehr (Art. 15 StGB) ist die Ausübung eines Rechts zur Abwehr widerrechtlicher Angriffe auf die Rechtsgüter einer Person. Die Abwehr dient der Verteidigung gegenüber fremden Eingriffen in geschützte Rechtsgüter und folgt damit dem Grundsatz *„Das Recht braucht dem Unrecht nicht zu weichen“*. Im Gegensatz zum Notstand (Art. 17 StGB), welcher ebenfalls einen gesetzlichen Rechtfertigungsgrund darstellt, richtet sich die Abwehr-

handlung bei der Notwehr gegen die Rechtsgüter des Angreifers und nicht gegen (unbeteiligte) Dritte. Die Unterscheidung zwischen Notwehr und Notstand ist insofern von Bedeutung, da beim Notstand nur dann berechtigterweise in die Rechte von Dritten eingegriffen werden darf, wenn keine andere Möglichkeit zur Rettung der eigenen Rechtsgüter besteht (absolute Subsidiarität) und mit dem Eingriff zudem höherwertige Interessen gewahrt werden (Proportionalität)[3].

3. Notwehr als gesetzlicher Rechtfertigungsgrund

Nach der Konzeption des schweizerischen Strafrechts ist ein Verhalten (nur) dann strafbar, wenn es einen Tatbestand des geltenden Strafrechts erfüllt (Tatbestandsmäßigkeit) und gleichzeitig keine Rechtfertigungs- oder Schuldausschlussgründe vorliegen. Bei Notwehr (Art. 15 StGB) handelt es sich um einen solchen Rechtfertigungsgrund, welcher dazu führt, dass die Strafbarkeit trotz Vorliegen einer tatbestandsmäßigen Handlung (z.B. vorsätzliche Tötung oder einfache Körperverletzung) ausnahmsweise entfällt.

4. Voraussetzungen der Notwehr

Das Recht zur Notwehr setzt zum einen eine rechtfertigende Notwehrlage und zum anderen eine rechtfertigende Notwehrhandlung (angemessene Verteidigung) voraus.

4.1 Notwehrlage

Eine Notwehrlage ist gemäß Art. 15 StGB gegeben, wenn *„jemand ohne Recht angegriffen oder unmittelbar mit einem Angriffe bedroht wird“*.

Der Angriff kann sich gegen ein beliebiges persönliches Rechtsgut richten. Im vorliegenden Zusammenhang kommen Rechtsgüter wie der Hausfrieden (Art. 186 StGB), das Eigentum oder das Vermögen (Art. 137 ff. StGB) sowie Leib und Leben (Art. 111 ff. StGB), aber auch die persönliche oder sexuelle Freiheit (Art. 180 ff. und Art. 189 ff. StGB) infrage. Es braucht sich nicht um einen „gewaltsamen“ Angriff zu handeln. Bereits das Betreten eines Raumes kann bei fehlender Einwilligung des Hausberechtigten ein Angriff auf das Hausrecht sein.

Das Notwehrecht setzt weiter voraus, dass der Angriff bereits im Gange ist, noch andauert oder unmittelbar droht. Gemäß Bundesgericht ist dies der Fall, wenn *„mit einem Angriff ernstlich zu rechnen ist und jedes weitere Zuwarten die Verteidigungschance gefährdet[4]“*. Zwar verlangt der Rechtfertigungsgrund der Notwehr vom Angegriffenen nicht, dass er mit einer Reaktion wartet, bis es für eine Abwehr zu spät ist[5]. Hingegen ist eine nur abstrakte Gefahr nicht ausreichend, um eine Notwehrlage zu begründen. Es müssen konkrete Anzeichen einer Gefahr vorhanden sein, welche eine entsprechende Abwehr nahelegen. Solche Anzeichen liegen namentlich vor, wenn der Angreifer eine drohende Haltung einnimmt, sich zum Kampfe vorbereitet oder Bewegungen macht, die in diesem Sinne gedeutet werden können[6]. Handlungen, die lediglich darauf gerichtet sind, einem zwar mög-

3) Ein oft zitiertes und anschauliches Lehrbuchbeispiel zum Notstand handelt vom Wanderer, der bei einem plötzlichen, schweren Kälteeinbruch gestützt auf Notstand berechtigt ist, ohne die Zustimmung des Eigentümers in eine Hütte einzudringen, wenn er anderenfalls draussen dem sicheren Erfrierungstod entgegensehen müsste (Subsidiarität). Der Eigentümer hat in diesem Fall kein Recht, ihm den Zugang und das Verweilen in der Hütte zu verweigern. Das Rechtsgut des Hausfriedens weicht insofern dem Rechtsgut Leben (Proportionalität).

4) Urteil BGer 6B_251/2013 vom 24.10.2013 E. 1.3.1.

5) BGE 93 IV 81 S. 83.

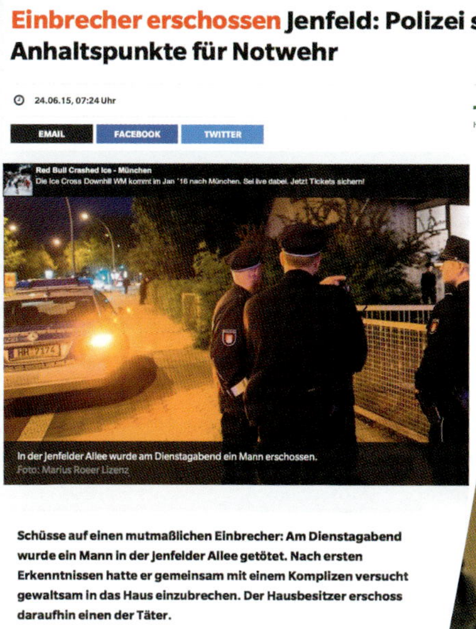

Einbrecher erschossen Jenfeld: Polizei sieht Anhaltspunkte für Notwehr

24.06.15, 07:24 Uhr

EMAIL FACEBOOK TWITTER

Red Bull Crashed Ice - München
Die Ice Cross Downhill WM kommt im Jan '16 nach München. Sei live dabei. Jetzt Tickets sichern!

In der Jenfelder Allee wurde am Dienstagabend ein Mann erschossen.
Foto: Marius Roeer Lizenz

Schüsse auf einen mutmaßlichen Einbrecher: Am Dienstagabend wurde ein Mann in der Jenfelder Allee getötet. Nach ersten Erkenntnissen hatte er gemeinsam mit einem Komplizen versucht gewaltsam in das Haus einzubrechen. Der Hausbesitzer erschoss daraufhin einen der Täter.

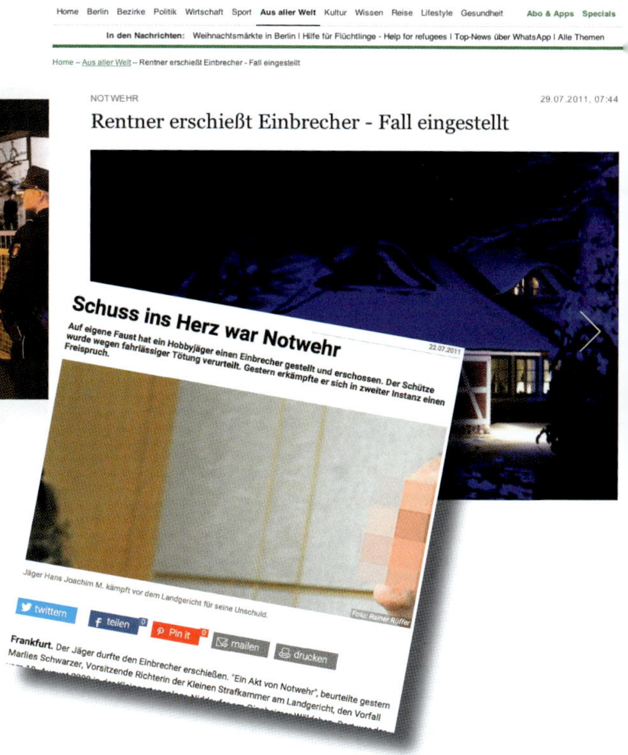

Home Berlin Bezirke Politik Wirtschaft Sport Aus aller Welt Kultur Wissen Reise Lifestyle Gesundheit Abo & Apps Specials

In den Nachrichten: Weihnachtsmärkte in Berlin | Hilfe für Flüchtlinge - Help for refugees | Top-News über WhatsApp | Alle Themen

Home – Aus aller Welt – Rentner erschießt Einbrecher - Fall eingestellt

NOTWEHR 29.07.2011, 07:44

Rentner erschießt Einbrecher - Fall eingestellt

Schuss ins Herz war Notwehr

22.07.2011

Auf eigene Faust hat ein Hobbyjäger einen Einbrecher gestellt und erschossen. Der Schütze wurde wegen fahrlässiger Tötung verurteilt. Gestern erkämpfte er sich in zweiter Instanz einen Freispruch.

Jäger Hans Joachim M. kämpft vor dem Landgericht für seine Unschuld. Foto: Rainer Rüffer

twittern teilen Pin it mailen drucken

Frankfurt. Der Jäger durfte den Einbrecher erschießen. „Ein Akt von Notwehr", beurteilte gestern Marlies Schwarzer, Vorsitzende Richterin der Kleinen Strafkammer am Landgericht, den Vorfall

Oben, rechts: Auch in Deutschland kommt es immer wieder zu dem Fall, dass überfallene Menschen sich in Notwehr mit der Waffe schützen. Jeder Fall ist jedoch ein rechtlicher Einzelfall, und es kann keine Allgemeingültigkeit daraus gezogen werden. Das deutsche und das schweizer Recht sind hierbei in der strengen Rechtsauslegung sehr ähnlich. Screenshots: Pressearchiv

lichen aber noch unsicheren Angriff vorzubeugen, einem Gegner also nach dem Grundsatz, dass der Angriff die beste Verteidigung ist, zuvorzukommen und ihn vorsorglich kampfunfähig zu machen, fallen nicht unter den Begriff der Notwehr[7]. Ebenso besteht keine Notwehrlage mehr, wenn der Angriff wirksam abgewehrt, z. B. indem der Angreifer kampfunfähig gemacht worden ist, oder wenn der Angriff beendet wird, z. B. indem der Angreifer die Flucht ergreift[8].

Bei Durchsicht der ergangenen Entscheide aus der Praxis muss festgestellt werden, dass die Gerichte bei der Annahme einer Notwehrlage tendenziell zurückhaltend sind[9].

6) Urteil BGer 6B_289/2008 vom 17.7.2008 E. 7.3.

7) Urteile BGer 6B_780/2009 vom 21.1.2010 E. 2.3; 6B_289/2008 vom 17.7.2008 E. 7.3.

8) Urteil BGer 6B_251/2013 vom 24.10.2013 E. 1.3.1.

9) Beispielsweise wurde das Vorliegen einer Notwehrsituation verneint, als während einer tätlichen Auseinandersetzung, in deren Verlauf sich die Beteiligten je einen sogenannten „Schwedenkuss" (Schlag mit der Stirn ins Gesicht der anderen Person) versetzten und zu Boden fielen, der (vermeintliche) Angreifer mit der rechten Hand nach hinten oder nach unten griff, um möglicherweise ein Messer zu behändigen. Als der (vermeintliche) Angegriffene seinem Kontrahenten daraufhin mehrere, teils heftige Messerstiche versetzte, verneinte das Bundesgericht das Vorliegen einer Notwehrlage: In der Verhaltensweise des Opfers, das lediglich mit seiner Hand nach hinten bzw. unten greife, bestehe noch kein bedrohliches Verhalten, welches unmittelbar in einen Angriff mit einem Messer umschlagen könne. Dies umso weniger, als dass der vermeintliche Angegriffene gemäss eigenen Angaben nicht gesehen habe, dass sein Kontrahent zum Zeitpunkt der Auseinandersetzung überhaupt ein Messer oder eine andere Waffe auf sich getragen habe (Urteil BGer 6B_289/2008 vom 17.7.2008). In einem anderen Fall aus dem Rotlichtmilieu wurde die Notwehrlage ebenfalls verneint, obschon der vermeintlich Angegriffene aufgrund des Umdrehens und Bückens seines Kontrahenten der Überzeugung war, dieser werde von irgendwoher eine Waffe herausholen. Daran vermochte auch die Tatsache nichts zu ändern, dass der vermeintliche Angreifer den Betroffenen beim Zusammentreffen kurze Zeit zuvor tatsächlich mit einer Schusswaffe bedrohte und gemäss den Feststellung des Gerichts eine gespannte, von der Aggression des Kontrahenten geprägten Situation vorlag (Urteil BGer 6S.384/2004 vom 7.2.2005).

Zusammenfassend kann deshalb festgehalten werden, dass für die Annahme eines unmittelbaren Angriffs stets konkrete Anzeichen vorliegen müssen. Reine Befürchtungen oder Mutmaßungen genügen nicht. Daraus folgt, dass beim Antreffen eines Einbrechers in der eigenen Wohnung nicht ohne zusätzliche Anzeichen davon ausgegangen werden kann, es finde auch gleichzeitig ein Angriff auf Leib und Leben statt. Das Eindringen in eine abgeschlossene Wohnung stellt zwar gemäß Rechtsprechung einen andauernden Angriff auf das Hausrecht des Berechtigten dar, welcher in diesem Zusammenhang eine angemessene Abwehr rechtfertigen kann (vgl. dazu Ziff. 4.2). Ohne Vorliegen weiterer, konkreter Anzeichen kann jedoch allein daraus noch nicht abgeleitet werden, dass der Täter bewaffnet ist und/oder ein Angriff auf Leib oder Leben unmittelbar bevorsteht. Ohne diesbezügliche Anhaltspunkte kann bereits ein Angriff auf das Vermögen fraglich sein (z. B. ist an den Fall zu denken, bei dem sich ein Opfer nachts Zutritt zu einem fremden Haus verschafft, um sich vor einem gewalttätigen Angriff eines Dritten zu schützen [was als Notstand zu qualifizieren wäre] oder an den flüchtigen Gefangenen, der zum Untertauchen in eine fremde Wohnung einbricht).

4.2 Notwehrhandlung

Art. 15 StGB räumt dem sich in einer Notwehrlage Befindlichen das Recht ein, *„den Angriff in einer den Umständen angemessenen Weise abzuwehren“*. Dabei sind immer die Gesamtheit der Umstände, wie namentlich die Schwere des Angriffs, die durch den Angriff und die Abwehr bedrohten Rechtsgüter, die Art des Abwehrmittels und dessen tatsächliche Verwendung, zu prüfen[10]. Die Angemessenheit der Abwehrhandlung wird unter dem Blickwinkel der Subsidiarität (Erforderlichkeit) sowie der Proportionalität (Verhältnismäßigkeit) beurteilt.

- Subsidiarität (Erforderlichkeit)

Subsidiär ist die Abwehr dann, wenn das mildeste Mittel angewandt wird, sofern der fragliche Angriff auch damit mit Sicherheit abgewehrt werden kann. Dabei sind auch die konkreten Möglichkeiten der abwehrenden Person, d. h. die im konkreten Moment zur Verfügung stehenden Mittel zu berücksichtigen. Stehen dem Notwehrtäter verschiedene erfolgversprechende Abwehrmittel zur Verfügung, so muss er nach dem Grundsatz der Subsidiarität die ungefährlichste Art der Verteidigung wählen. Die Angemessenheit der Abwehr ist dabei aufgrund jener Situation zu beurteilen, in welcher sich der rechtswidrig Angegriffene im Zeitpunkt seiner Tat befand. Nach der Rechtsprechung dürfen nachträglich nicht allzu subtile Überlegungen darüber angestellt werden, ob der Angegriffene sich nicht allenfalls auch mit anderen, weniger einschneidenden Maßnahmen hätte begnügen können und sollen[11].

Anerkannt ist zum einen, dass der Angegriffene bei der Notwehr unter dem Aspekt der Subsidiarität nicht zu flüchten oder um Hilfe zu rufen braucht, selbst wenn dies erfolgversprechend wäre[12]. Darin unterscheidet sich die Subsidiarität bei der Notwehr vom Notstand (vgl. dazu Ziff. 2).

Zum anderen ist gemäß der Rechtsprechung des Bundesgerichts bei der Verwendung

10) BGE 136 IV 49 E. 3.2.
11) BGE 107 IV 12 E. 3a m.H.
12) BGE 79 IV 154 E. 2.

von gefährlichen Werkzeugen zur Abwehr (Messer, Schusswaffen etc.) besondere Zurückhaltung geboten, da deren Einsatz stets die Gefahr schwerer oder gar tödlicher Verletzungen mit sich bringt[13]. Angemessen ist die Abwehr, wenn der Angriff nicht mit weniger gefährlichen und zumutbaren Mitteln hätte abgewendet werden können, der Täter womöglich gewarnt worden ist und der Abwehrende vor der Benutzung des gefährlichen Werkzeugs das Nötige zur Vermeidung einer übermäßigen Schädigung vorgekehrt hat[14]. Der drohende Einsatz der Schusswaffe kann auch mit non-verbalen Mitteln signalisiert werden, etwa durch das Hochheben der Waffe oder durch eine hör- und sichtbare Ladebewegung. Selbst bei einer grundsätzlich zulässigen Abwehr durch den Einsatz von Waffen muss möglichst schonend in die Rechtsgüter der betroffenen Person eingegriffen werden. Mit anderen Worten darf der Einsatz immer nur die Angriffsunfähigkeit zum Ziel haben. Aufgrund von „Prellschüssen" ist ein Warnschuss nur dann zulässig, wenn auch der Schusswaffeneinsatz selbst zulässig ist.

- Proportionalität (Verhältnismäßigkeit)

Selbst das nach dem Grundsatz der Subsidiarität ungefährlichste der erfolgversprechenden Abwehrmittel darf schließlich nicht angewandt werden, wenn die durch den Angriff einerseits und durch die Abwehr andererseits drohenden Rechtsgüterverletzungen in einem offensichtlichen Missverhältnis stehen. Auch in diesem Zusammenhang ist eine Abwägung der auf dem Spiel stehenden Rechtsgüter unerlässlich. Immerhin muss das Ergebnis der Rechtsgüterabwägung für den Angegriffenen, der erfahrungsgemäß rasch handeln muss, gemäß der Rechtsprechung mühelos erkennbar sein[15].

Bei einem reinen Hausfriedensbruch (ohne Angriff auf die Rechtsgüter Vermögen und/ oder Leib und Leben) erachtet es das Bundesgericht noch für angemessen, den Hausrechtsverletzer mit „Brachialgewalt" (körperlicher Gewalt im Bereich von Tätlichkeiten) auf die Straße zu stellen. Schon die Bedrohung mit einem geladenen und entsicherten Revolver wäre nach Auffassung des Gerichts in einem solchen Fall unverhältnismäßig. Vollends unzulässig war im konkreten Fall deshalb die Abgabe eines scharfen „Schreckschusses" mit der bekannten Gefahr von „Prellschüssen" und deren möglichen Folgen[16].

Im Zusammenhang mit Angriffen auf das Vermögen überwiegt heute die Ansicht, dass bei einer Gewaltanwendung zum Erhalt des Eigentums kaum je mehr als eine einfache Körperverletzung gerechtfertigt sein kann und selbst eine einfache Körperverletzung nur im Falle eines schwerwiegenden Angriffs auf das Eigentum als verhältnismäßig beurteilt wird[17].

Angesichts der Tatsache, dass im Zeitalter des bargeldlosen Zahlungsverkehrs in der eigenen Wohnung in der Regel praktisch kein Bargeld von nennenswerter Höhe aufbewahrt

13) Urteil BGer 6B_779/2013 vom 17.3.2014 E. 1.1.

14) BGE 136 IV 49 E. 3.3.

15) BGE 107 IV 12 E. 3b.

16) BGE 102 IV 1 E. 3a.

17) Vgl. als Beispiel BGE 107 IV 12, bei welchem der gestohlene Geldbetrag dem 1 ½ bis 2-fachem Jahreseinkommen des Bestohlenen entsprach. Im Entscheid BGE 107 IV 12 aus dem Jahr 1981, welcher Notwehr bei einem verübten Diebstahl zum Gegenstand hatte, wurde mit Blick auf die Verhältnismässigkeit berücksichtigt, dass der Abwehrende aufgrund seiner besonderen Fähigkeiten im Umgang mit Schusswaffen (überdurchschnittliche Treffsicherheit) in der Lage war, seine Schusswaffe verhältnismässig einzusetzen (Treffer auf eine Distanz von 15-20m nicht über Kniehöhe hinaus). Ausserdem wurde berücksichtigt, dass der gestohlene Betrag (in der Höhe des 1 ½ bis 2-fachem Jahreseinkommens) nicht versichert sowie nicht versicherbar war.

wird und andere Wertsachen (Bilder, Schmuck) üblicherweise im Rahmen der Hausratsversicherung versichert sind, dürfte die Abwehr mit einer Schusswaffe, die zu bleibenden Gesundheitsschäden oder zum Tode führen kann, in aller Regel unangemessen sein, wenn sich der rechtswidrige Angriff allein gegen Eigentum und Vermögen richtet (BGE 107 IV 12 E. 3b). Als Grundsatz kann daher zusammenfassend festgehalten werden, dass sofern der Täter ohne die Beute flieht, mangels Notwehrlage kein Notwehrrecht besteht, weshalb eine Schussabgabe (selbst ein Warnschuss) unzulässig ist (vgl. dazu Ziff. 4.1). Sofern der Täter mit der Beute die Flucht ergreift, besteht zwar, solange der Angriff noch nicht abgeschlossen ist (und die Rückerlangung des Diebesgut noch möglich erscheint), eine Notwehrlage, jedoch ist eine Schussabgabe mangels Verhältnismäßigkeit in aller Regel nicht gerechtfertigt. Nur ausnahmsweise und mit größter Zurückhaltung kann bei einem Angriff auf das Vermögen eine in die Rechtsgüter Leib und Leben eingreifende Abwehrhandlung durch Notwehr gerechtfertigt sein[18]. Zu denken ist beispielsweise an einen für die Gesundheit in der Regel harmlosen Einsatz von Pfefferspray, der je nach den konkreten Umständen zwischen einer Tätlichkeit (Art. 126 StGB) und einer einfachen Körperverletzung (Art. 123 StGB) liegt und daher bei einem Angriff auf das Vermögen als Abwehrhandlung gerechtfertigt erscheint.

Eine Schusswaffe kann jedoch nicht nur zur Schussabgabe, sondern auch zur Drohung eingesetzt werden. Diese Androhung kann verbal oder non-verbal (z. B. durch Tätigen einer Ladebewegung oder Zeigen der Waffe) erfolgen. Strafrechtlich handelt es sich hierbei um eine Drohung im Sinne von Art. 180 StGB, welche auch mit Blick auf die maximale Strafandrohung bei der Drohung (Freiheitsstrafe bis zu drei Jahren im Vergleich zu Freiheitsstraffe bis zu fünf Jahren beim gewöhnlichen Diebstahl nach Art. 139 Ziff. 1 StGB) als Abwehrhandlung bei einem Angriff auf das Vermögen noch angemessen und daher gerechtfertigt sein dürfte[19].

Sofern in einem weiteren Eskalationsschritt mit einer schussbereiten Waffe auf den Angreifer gezielt wird, erfüllt dies gemäß der bundesgerichtlichen Rechtsprechung den ob-

18) Vgl. Urteil BGer 6B_994/2010 vom 7.7.2011 E. 4.4.

19) Vgl. Urteil BGer 6B_779/2013 vom 17.3.2014 E. 1.3, allerdings in Bezug auf die Abwehr eines Angriffs auf die körperliche Integrität.

Home > Panorama > Hamburg: Hausbewohner erschießt mutmaßlichen Einbrecher

Notwehr oder Selbstjustiz?

Hausbesitzer erschießt mutmaßlichen Einbrecher in Hamburg

Warum endete diese Tat tödlich? Ein Hamburger hat einen Mann erschossen, der offenbar in sein Haus eindringen wollte. Der mutmaßliche Einbrecher erlag seinen Verletzungen - nicht der erste Einbruch in Deutschland, der tödlich endet.

Polizeikräfte stehen vor dem Hamburger Wohnhaus, in dem zwei Einbrecher vom Hausbewohner überrascht wurden - einer der Eindringlinge wurde erschossen.
© Daniel Bockwoldt/DPA

Screenshots: Pressearchiv

Termine

Bruchmühlb.-Miesau Schönenb.-Kübelb. Homburg Bexbach Blieskastel Gersheim Kirkel

HAMBURG

Einbrecher erschossen: Staatsanwaltschaft geht von Notwehr aus

Von Agentur, 25.06.2015 00:00

An seiner Haustür hat ein Mann in Hamburg auf einen Eindringling geschossen und ihn tödlich verletzt. Der 25-Jährige sei nach dem Schuss in der Nacht zum Mittwoch mit seinem Komplizen geflüchtet und an einer Straßenkreuzung zusammengebrochen, teilte die Polizei mit. Der zweite Mann setzte seine Flucht fort. Die Hamburger Staatsanwaltschaft sieht keinen Grund für einen Haftbefehl gegen den 63 Jahre alten Schützen.

Nach ersten Ermittlungen der Polizei gab der Hauseigentümer einen Schuss ab, als die beiden Einbrecher die Tür eintraten und einer von ihnen in den ...
Der überfallene 63-Jährige hatte die Polizei selbst ...
festgenommen, kam aber nach ...
Behandlung ...

jektiven Tatbestand der Gefährdung des Lebens (Art. 129 StGB). Das Bundesgericht erachtet nämlich die unmittelbare Lebensgefahr im Sinne von Art. 129 StGB als gegeben, wenn der Täter nur noch den Abzug drücken muss, damit ein Schuss fällt. Dazu muss die Waffe geladen und entsichert sein. Für die Bejahung der unmittelbaren Lebensgefahr im Sinne von Art. 129 StGB spielt es - trotz entsprechender Kritik in der Literatur - bei der Pistole keine Rolle, ob der Schlaghammer entspannt ist[20] oder der Finger außerhalb des Abzugsgehäuses liegt[21]. Ob eine unmittelbare Gefährdung des Lebens als Abwehrhandlung bei einem Angriff auf das Vermögen noch angemessen und daher gerechtfertigt ist, erscheint fraglich, kann jedoch aus dem folgenden Grund offengelassen werden: Der subjektive Tatbestand von Art. 129 StGB erfordert nämlich, dass die Gefährdung des Lebens mit direktem Vorsatz sowie skrupellos begangen wird. Zumindest das subjektive Tatbestandselement der Skrupellosigkeit wird bei einem andauernden Angriff auf das Vermögen im Normalfall verneint werden müssen, weshalb eine Bestrafung wegen Art. 129 StGB bereits wegen fehlender Tatbestandsmäßigkeit entfällt. Damit erübrigt sich auch die Prüfung eines Rechtfertigungsgrundes.
Erst bei einem Angriff auf Leib und Leben ist der Einsatz einer Schusswaffe als angemessene Abwehrhandlung nicht von vornherein unverhältnismäßig, jedoch stellt der Schusswaffengebrauch selbst in diesem Zusammenhang das letzte Mittel der Verteidigung dar[22]. Um dem Grundsatz der Subsidiarität zu genügen, muss der Angriff, sofern möglich, mit anderen zur Verfügung stehenden, milderen Abwehrmitteln abgewehrt werden. Sollte dies nicht möglich sein, ist jedenfalls der Einsatz der Waffe unmissverständlich anzudrohen.

5. Folgen bei Fehlen der Notwehrlage oder Überschreitung der Abwehrgrenzen

Liegen die Voraussetzungen des Notwehrrechts hingegen nicht vor oder werden die zulässigen Grenzen der Abwehr überschritten (sog. Notwehrexzess), hat dies prinzipiell zur Folge, dass das Verhalten strafbar bleibt. Im Fall eines Notwehrexzesses ist die Strafe immerhin zu mildern (Art. 16 Abs. 1 StGB). Nur wenn der Exzess in entschuldbarer Aufregung oder Bestürzung über den Angriff geschieht, handelt der Abwehrende „nicht schuldhaft" und bleibt straffrei (Art. 16 Abs. 2 StGB). Dabei müssen Art und Umstände des Angriffs derart sein, dass sie die Aufregung oder die Bestürzung entschuldbar erscheinen lassen. Bei einer Abwehr mit Todesfolge wird ein höherer Grad entschuldbarer Aufregung oder Bestürzung über den Angriff verlangt als bei einer einfachen Körperverletzung oder Tätlichkeit. Der Begriff der Entschuldbarkeit setzt voraus, dass auch eine andere, anständig gesinnte Person in der betreffenden Situation leicht in einen solchen Affekt geraten wäre sowie, dass es dem Angegriffenen aufgrund der Aufregung oder Bestürzung über den Angriff nicht möglich war, besonnen und verantwortlich zu reagieren[23]. In Bezug auf den Einsatz von Schusswaffen hat das Bundesgericht die Anforderungen sehr hoch angesetzt: *„Wer Schusswaffen mit sich führt, unterliegt einer besonderen Verantwortung; die vom Beschwerdeführer missachtete Bewilligungspflicht ist Ausdruck davon. Er muss sich*

20) BGE 121 IV 67 E. 2d.
21) Urteil BGer 6B_317/2012 vom 21.12.2012 E. 3.3.
22) BGE 136 IV 49 E. 4.2.
23) Vgl. Urteil BGer 6S.327/2006 vom 2.11.2006 E. 2.4.1.

im Klaren darüber sein, welche Gefahr von der Waffe ausgeht und wie sie im Ernstfall einzusetzen ist. Der Beschwerdeführer hatte die Waffe aus einem Bedrohungsgefühl heraus regelmäßig mit sich geführt, gerade weil er fürchtete, überfallen zu werden. Er kann sich damit nicht auf eine entschuldbare Aufregung für den Fall berufen, auf den er sich vorbereitet hat, auch wenn ihn der Angriff überrascht und erschreckt hat. Es war im Gegenteil seine Pflicht, auch in diesem Fall besonnen und verantwortlich zu handeln. Die Vorinstanz konnte eine entschuldbare Gemütsbewegung ohne Verletzung von Bundesrecht verneinen[24]*".*

6. Irrtum über die Notwehrlage (Putativnotwehr)

Wenn keine Notwehrlage vorliegt, der Betroffene jedoch irrtümlich meint, er werde rechtswidrig angegriffen, beurteilt das Gericht die Tat zu Gunsten des Irrenden nach dem Sachverhalt, den sich dieser vorgestellt hat, sofern der Irrtum nicht vermeidbar war (Art. 13 Abs. 1 StGB). Nach der Rechtsprechung muss auch der vermeintlich Bedrohte oder Angegriffene Umstände nachweisen, die bei ihm den Glauben erwecken konnten, er befinde sich in einer Notlage. Die bloße Vorstellung von der Möglichkeit eines Angriffs oder einer unmittelbaren Bedrohung genügt nicht zur Annahme, dass er in Putativnotwehr gehandelt hat[25]. War der Irrtum vermeidbar, wird der Irrende wegen fahrlässiger Tatbegehung bestraft (Art. 13 Abs. 2 StGB).

7. Vorläufige Festnahme (Art. 218 StPO)

Mit Inkrafttreten der Schweizerischen Strafprozessordnung am 1. Januar 2011 ist das Festnahmerecht durch Privatpersonen in allen Kantonen einheitlich in Art. 218 StPO geregelt. Gemäß Art. 218 Abs. 1 StPO sind Private berechtigt, eine Person vorläufig festzunehmen, wenn sie diese bei einem Verbrechen oder Vergehen auf frischer Tat ertappt oder unmittelbar nach der Begehung einer solchen Tat angetroffen haben, wenn nicht rechtzeitig polizeiliche Hilfe erlangt werden kann. Die festgenommene Person ist so rasch als möglich der Polizei zu übergeben. Es handelt sich hierbei ebenfalls um ein Selbsthilferecht in der Form eines gesetzlichen Rechtfertigungsgrundes. Unter den entsprechenden Voraussetzungen ist eine Handlung der festnehmenden Person gerechtfertigt, obschon diese bei der Festnahme regelmäßig die Tatbestände der Freiheitsberaubung, Nötigung sowie gegebenenfalls die Tatbestände der Tätlichkeit oder Körperverletzung erfüllen wird. Zu beachten ist, dass vorläufige Festnahme ausschließlich auf Verbrechen und Vergehen beschränkt ist. Entsprechend entfällt das Recht zur Anwendung bei Übertretungen, wie beispielsweise bei geringfügigen Vermögensdelikten (bis CHF 300.--)[26]. Auch hier gelten die gleichen Überlegungen zum Schusswaffeneinsatz wie bei der Notwehr (vgl. Ziff. 4.2). Der Einsatz von Gewalt darf auch hier nur als letztes Mittel eingesetzt

24) Urteil 6S.734/1999 vom 10. April 2001 E. 4b.
25) BGE 93 IV 81 E. b m.H.
26) Richtet sich die Tat nur auf einen geringen Vermögenswert oder auf einen geringen Schaden, so wird der Täter, auf Antrag, mit Busse bestraft (Art. 172ter Abs. 1 StGB). Diese Vorschrift gilt nicht bei qualifiziertem Diebstahl (Art. 139 Ziff. 2 und 3 StGB), Raub und Erpressung (Art. 172ter Abs. 2 StGB). Ein qualifizierter Diebstahl liegt vor, wenn der Täter gewerbsmässig oder als Mitglied einer Bande stiehlt, die sich zur fortgesetzten Verübung von Raub oder Diebstahl zusammengefunden hat, wenn der Täter eine Schusswaffe oder eine andere gefährliche Waffe mit sich führt oder wenn er sonst wie durch die Art, wie er den Diebstahl begeht, seine besondere Gefährlichkeit offenbart.

werden (vgl. Art. 200 StPO). Das „in Schach halten" des Täters bis zum Eintreffen der Polizei kann durch Androhung des Waffeneinsatzes gerechtfertigt sein, sofern nicht mildere Maßnahmen zur Festnahme oder Verfolgung des Täters zum Erfolg führen (wie etwa die Feststellung der Identität oder des Autokennzeichens oder die Aufforderung, bis zum Eintreffen der Polizei vor Ort zu bleiben). Ergreift der Täter jedoch (von der Androhung des Waffeneinsatzes unbeeindruckt) die Flucht, ist aus Gründen der Verhältnismäßigkeit auf den Schusswaffeneinsatz zu verzichten. Gemäß der Rechtsprechung steht das Risiko einer erheblichen Körperverletzung oder allfälligen Tötung in einem Missverhältnis zum Interesse an einer Festnahme bei Vermögensdelikten, die ohne Gewalt und Drohung erfolgen[27].

8. Pflicht zur Leistung von Nothilfe (Art. 128 StGB)

Wird der Angreifer durch den Angegriffenen verletzt, ist Letzterer verpflichtet alles zu tun, was in seiner Macht steht, um dem Verletzten Hilfe zu leisten, selbst wenn die Abwehrhandlung im Rahmen des Notwehrrechts berechtigt war. Erforderlich ist allerdings, dass der Verletzte aufgrund der Verletzung tatsächlich der Hilfe bedarf und die Hilfeleistung für den Angegriffenen zumutbar ist. Unzumutbar ist die Hilfeleistung dann, wenn das eigene Leben oder die Gesundheit aufs Spiel gesetzt werden müssten. Die Anforderung von ärztlicher Hilfe wird dabei in jedem Fall zumutbar sein. Kommt der Verletzende seinen Pflichten nicht nach, macht er sich wegen Unterlassen der Nothilfe (Art. 128 StGB) strafbar.

9. Einsatz der Ordonanzwaffe als Abwehrmittel

Das außerdienstliche Benutzen der Ordonanzwaffe ist gemäß dem Militärstrafgesetz (MStG) grundsätzlich verboten (Art. 73 Ziff. 1 MStG i.V.m. Art. 114 Abs. 4 MG und Art. 41 Abs. 1 Abs. 1 lit. a VPAA-VBS) und wird mit Freiheitsstrafe bis zu drei Jahren oder Geldstrafe geahndet. Unter missbräuchlicher Verwendung von Waffen im Sinne von Art. 73 Ziff. 1 MStG ist nicht nur der unberechtigte Gebrauch zu verstehen, sondern auch der nicht bestimmungsgemäße Gebrauch, d. h. ganz allgemein jede Verwendung, die nicht zu einem dem Gebraucher aus irgendeinem militärischen Grund vorgeschriebenen Zweck erfolgt. Die missbräuchliche Verwendung setzt sodann nicht die Bewirkung eines Schadens voraus[28]. Gemäß dem Waffengesetz (WG) ist sodann das Schießen mit Feuerwaffen (aller Art) außerhalb von Schießplätzen verboten (Art. 34 Abs. 1 lit. b i.V.m. Art. 5 Abs. 3 lit. c WG) und wird mit Buße bestraft.

In Bezug auf die Wahl der zur Verfügung stehenden Abwehrmittel zur Notwehr stellt sich daher die Frage, ob nur jene zur Abwehr verwendet werden dürfen, die auch gesetzlich erlaubt sind. Dies ist zu verneinen. Der Eingriff in die Rechtsgüter des Angreifers im Rahmen des Notwehrrechts wird nicht deshalb unerlaubt, weil der Abwehrende die Vorschriften bezüglich der Strafbestimmungen des Waffengesetzes oder des Militärstrafgesetzes verletzt. Entsprechend bleibt die im Rahmen des Notwehrrechts gerechtfertigte Körperverletzung straflos, unabhängig davon, ob die Notwehrhandlung mit einer Ordonanzwaffe oder einer nicht im Eigentum der Armee stehenden Waffe ausgeführt wurde.

27) BGE 111 IV 113 E. 5.
28) BGE 103 IV 12 E. 5 m.H.

Allerdings kann die (im Rahmen des Notwehrrechts gerechtfertigte) Benutzung der Ordonanzwaffe ein Strafverfahren wegen Verletzung von Art. 73 Ziff. 1 MStG (außerdienstliches Benutzen der Ordonanzwaffe) nach sich ziehen. In Bezug auf diesen Straftatbestand kann jedoch Notstand als Rechtfertigungsgrund geltend gemacht werden. Es ist nämlich möglich, dass diejenige Person, die sich in einer Notwehrlage befindet, zugleich in einer Notstandlage sein kann, die ihr das Recht gibt, in Rechtsgüter von unbeteiligten Dritten bzw. Rechtsgüter der Allgemeinheit (hier: das Rechtsgut der öffentlichen Sicherheit) einzugreifen. Im Gegensatz zur Notwehr muss beim Notstand das Prinzip der absoluten Subsidiarität erfüllt sein: Falls die Möglichkeit der Rettung des eigenen bedrohten Rechtsguts durch eine Handlung besteht, welche keinen Straftatbestand erfüllt, muss von dieser Möglichkeit Gebrauch gemacht werden. In diesem Zusammenhang ist zu berücksichtigen, dass genügend legale Verteidigungsmittel existieren, deren Einsatz keinen Verstoß gegen das Militärstrafgesetzbuch oder das Waffengesetz begründen und trotzdem zum Schutz vor Angriffen auf das Vermögen und auf Leib und Leben geeignet sind (so z. B. Pfefferspray). Wird die Ordonanzwaffe daher ganz bewusst zum Zwecke einer möglichen künftigen Notwehrlage vorbereitet, indem sie z. B. zusammen mit Munition unter das Bett oder im Nachttisch verstaut wird, fragt es sich, ob sich der Angegriffene im Ernstfall noch auf Notstand als Rechtfertigungsgrund berufen kann[29].

10. Haftung für Schäden infolge einer Notwehrhandlung

Wer in berechtigter Notwehr einen Angriff abwehrt, hat den Schaden, den er dabei dem Angreifer in seiner Person oder in seinem Vermögen zufügt, nicht zu ersetzen (Art. 52 Abs. 1 OR). Erfolgte die Schädigung jedoch als Folge eines Notwehrexzesses, ist zu unterscheiden, ob der Notwehrexzess *„in entschuldbarer Aufregung oder Bestürzung über den Angriff"* erfolgt ist. Für entschuldbare Notwehrexzesshandlungen wird der Schädiger zwar nicht bestraft, allerdings ist eine Haftung aus Billigkeit gemäß Art. 54 Abs. 2 i.V.m. Abs. 1 OR nicht ausgeschlossen. Ist die Notwehrexzesshandlung jedoch nicht entschuldbar, bleibt das Verhalten strafbar, weshalb eine Haftung i.S.v. Art. 41 Abs. 1 OR in diesem Fall grundsätzlich eintritt, die Haftung aber nach Maßgabe der Umstände des Einzelfalls, namentlich wegen Selbstverschuldens des Angreifers (Art. 44 Abs. 1 OR) reduziert werden kann.

11. Problematik der retrospektiven Beurteilung durch das Gericht

Die erst im Einzelfall mögliche Konkretisierung der im Tatbestand der Notwehr enthaltenen unbestimmten Rechtsbegriffe „unmittelbarer Angriff" und „angemessene Abwehr", belassen dem Gericht bei seiner nachträglichen Beurteilung des Sachverhalts einen erheblichen Beurteilungsspielraum, ob die Abwehrhandlung gerechtfertigt war und damit

29) Angesichts von BGE 101 IV 4 wohl zu verneinen, auch wenn der Entscheid einen anderen Sachverhalt betraf: *„Wer ein Unternehmen betreibt, dessen Tätigkeit im Schutz der Kunden gegen Überfälle und Diebstähle besteht, ist verpflichtet, im voraus die notwendigen Massnahmen zu treffen, die ihm erlauben, die übernommenen Pflichten ohne Gesetzesverletzung zu erfüllen. Der Inhaber eines solchen Unternehmens, der, ohne über die erforderliche Bewilligung zu verfügen, auf seinen Wagen die den vortrittsberechtigten Fahrzeugen vorbehaltenen akustischen oder optischen Signale anbringen lässt und sie benützt, kann sich deshalb, wenn ihm entsprechende Gesetzesverletzungen vorgeworfen werden, nicht auf einen durch die Dringlichkeit der ersuchten Intervention geschaffenen Notstand berufen."*

straflos bleibt oder nicht (nach dem Prinzip alles oder nichts). Darin liegt eine der Hauptschwierigkeit bei der Notwehr. Hinzu kommt, dass es im Nachhinein um einiges einfacher ist, die zur Verfügung stehenden Mittel sorgfältig gegeneinander abzuwägen und das richtige Maß an Gewalt für die erlaubte Abwehr zu determinieren.

Zwar räumt auch das Bundesgericht mit Verweis auf die Literatur ein, dass die Feststellung, ob eine Notwehrlage vorliegt, also ob ein Angriff unmittelbar bevorsteht, nicht leicht zu treffen ist[30]. Auch in Bezug auf die Beurteilung der Angemessenheit betont das Gericht regelmäßig, dass nicht allzu subtile Überlegungen darüber angestellt werden dürfen, ob der Angegriffene sich nicht allenfalls auch mit anderen, weniger einschneidenden Maßnahmen hätte begnügen können[31]. Trotzdem stellt es für den Richter, welcher den Ausgang des zu beurteilenden Sachverhalts bereits kennt, eine gedankliche Herausforderung dar, die Situation, wie sie sich im Tatzeitpunkt für den Angegriffenen präsentierte, losgelöst vom späteren Verlauf und dem effektiven Ausgang der Auseinandersetzung zu beurteilen. Im Gegensatz zum Gericht kennt der Angegriffene nämlich das aus dem Angriff resultierende Ergebnis bzw. die letzte Stufe der Gewalteskalation im Voraus gerade nicht. Diese Problematik ist im Zusammenhang mit der Beurteilung von Sorgfaltspflichtverletzungen auch als Rückschaufehler oder „hindsight bias“ bekannt und bezeichnet das psychologische Phänomen, dass bereits vergangene Ereignisse verständlicher und vorhersagbarer erscheinen als zukünftige Ereignisse. Bei Kenntnis des Ausgangs eines Angriffs dürfte deshalb in der Rechtsprechung die Neigung bestehen, eher hohe Anforderungen an die Angemessenheit der Abwehrhandlungen zu stellen.

12. Zusammenfassung und Fazit

Die Grenze zwischen berechtigter privater Abwehr gegen Rechtsgüterverletzungen bei einem Einbruchdiebstahl und strafbarer Selbstjustiz ist von einer Vielzahl von Umständen abhängig und von Fall zu Fall konkret zu prüfen. Angesichts dieser Ausgangslage ist die Erstellung einer allgemeingültigen Gebrauchsanweisung weder möglich noch sinnvoll. *„Die gezwungenermaßen ungewöhnlichen und oft extremen Sachlagen der Notwehr verbieten ein schematisches Vorgehen. Jede Situation muss für sich selber und in ihrer Gesamtheit gewürdigt werden.“*[32] Ob die Reaktion des Angegriffenen verhältnismäßig erscheint, ist letztlich eine Frage des Ermessens. Immerhin kann als Grundsatz festgehalten werden, dass bei einem gewöhnlichen Einbruchdiebstahl ohne konkrete Anzeichen für einen Angriff auf Leib und Leben der Einsatz einer Schusswaffe unverhältnismäßig ist. Der Einsatz eines Pfeffersprays ist in diesem Zusammenhang weitaus unproblematischer.

Alexander Frei, lic. iur.
Rechtsanwalt und Partner bei Kessler Landolt Giacomini & Partner
in Schwyz und Wollerau, Schweiz.

30) Urteil BGer 6S.384/2004 vom 7.2.2005 E. 3.1.
31) BGE 107 IV 12 E. 3.
32) Urteil BGer 6S.138/2003 vom 26.9.2003 E. 3.1.

Kapitel 01

DIE MENTALE KOMPONENTE

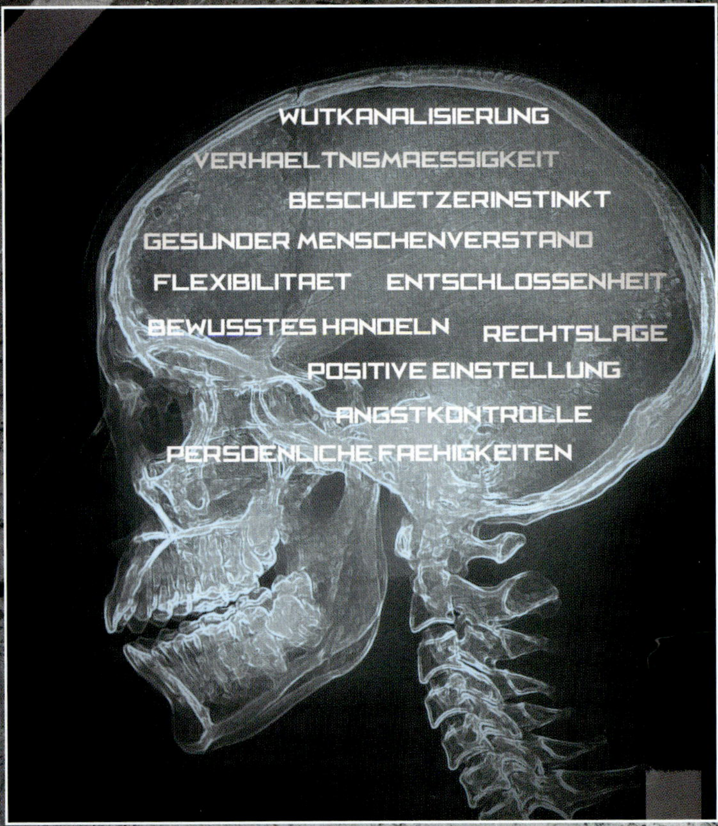

Die Tatsache, dass Sie dieses Buch in den Händen halten und es lesen, zeigt, dass Sie sich mit dem Thema auseinandersetzen, um gewappnet zu sein. Dies gehört bereits zur persönlichen mentalen Vorbereitung, um bei einen Einbruch oder Überfall zuhause in der Lage zu sein, sich erfolgreich zur Wehr zu setzen.

Wenn mitten in der Nacht eindeutige Geräusche eines Einbruchs wahrgenommen werden, bleibt oft keine Zeit zu überlegen, was zu tun ist und wie man am besten vorgehen sollte. Bevor wir über mögliche taktische Vorgehensweisen sprechen werden, gilt es sich im Klaren zu sein, ob man in einer entsprechenden Situation auch bereit wäre – wenn die Situation es unweigerlich verlangt – von Gewalt Gebrauch zu machen und eine Schusswaffe gegen einen anderen Menschen einzusetzen. Sobald man sich mit der Waffe in der Hand auf ein solches Wagnis einlässt, gibt es vielleicht kein Zurück mehr. Die Situation könnte unwiderruflich eskalieren. Wie in der Einleitung erwähnt, sollte man sich in einer solchen Lage vorher kurz bewusst werden, was wirklich auf dem Spiel steht, und mit Besonnenheit entscheiden. Geht es um materielle Werte (Schmuck, Bargeld usw.), die abhanden und ersetzt werden können, oder geht es um die eigene Unversehrtheit und die von Familienangehörigen? Könnte ich damit leben tatenlos gewesen zu sein und nichts unternommen zu haben, um meine Kinder, meine Frau oder sonstige Angehörige zu beschützen bzw. in Sicherheit zu bringen? Sind diese Fragen geklärt, ist man schon einen großen Schritt weiter, um das „Richtige“ zu tun. Dies ohne sich später etwas vorwerfen zu müssen – unabhängig von der Rechtslage und wie die Situation ausgehen wird. Ob schließlich der Einsatz der Waffe verhältnismäßig war, werden später andere entscheiden müssen – hoffentlich unter der Berücksichtigung unter welchen Umständen (Überraschung, Angst um die eigene Unversehrtheit und die von Angehörigen, Zeitdruck) eine solch verheerende Entscheidung gefasst wurde. Aus der Distanz und ohne beteiligt gewesen zu sein, sehen Dinge anders aus, und es ist im Nachhinein einfach zu sagen, was man hätte anders machen können bzw. unterlassen müssen.

Als nächstes gilt es zu evaluieren, welchen „Szenarien“ man begegnen könnte um einen Plan A zu bestimmen (siehe Kapitel „Mögliche Einbruchszenarien“). Dabei ist es hilfreich, diese Szenarien mit der Frage zu „visualisieren“: Was würde ich in dieser Situation tun bzw. bin ich bereit (fähig), dies auch wirklich zu tun? Des Weiteren sollten Schwach- bzw. Risikostellen im Haus eruiert werden (wahrscheinlichstes/einfachstes Eindringen oder Versteck). Ein Plan B sollte ebenfalls berücksichtigt werden, falls man überrascht wird und/oder keine Zeit hat Gegenmaßnahmen einzuleiten. Sicherlich sind auch Flexibilität und die Fähigkeit zu improvisieren gefragt. Doch wer will schon seine Unversehrtheit und das seiner Angehörigen vorwiegend auf diese zwei Eigenschaften setzen? Besonderes wenn man bedenkt, dass unter Stress die Fähigkeit unseres Gehirns, überlegte und analytische Entscheidungen zu treffen nicht besonders zuverlässig funktioniert. Ein wesentlicher Punkt dieser Vorbereitungen ist, alle Familienangehörigen zu involvieren und einzuweihen. Ein Plan A oder B kann nur umgesetzt werden wenn alle Bewohner des Hauses vorher genau wissen, worum es überhaupt geht und was man von ihnen erwartet. Denn mit großer Wahrscheinlichkeit wird man, wenn es soweit ist, kaum Zeit haben, allen genau zu erklären wie man vorgehen möchte und was die anderen dabei tun sollten. Die Pläne sind einfach zu halten. Vor allem müssen sie für alle umsetzbar sein (Kinder, alte und betagte Leute). Sie sollten eher als Standardverhalten bezeichnet werden, so wie beim *Safety Briefing* zur Notlandung im Flugzeug vor jedem Abflug. Stellt man fest, dass jemand ins untere Geschoss des Hauses eingedrungen ist wird es beispielsweise einfacher sein, dass alle Bewohner auf ein bestimmtes Codewort im eigenen Zimmer bleiben und sich einschließen als zu erwarten, dass sich alle auf dem Dachboden verstecken/versammeln. Dies erleichtert zudem eventuelle Gegenmaßnahmen und stellt sicher, dass nicht plötzlich ein Familienangehöriger zwischen dem Einbrecher und dem Hausbesitzer auftaucht und die Situation verkompliziert. Zusätzlich sollten alle die Anweisung erhalten die Polizei zu rufen und Türen zu verbarrikadieren oder mit einem Keil zusätzlich zu sichern sowie in Deckung zu bleiben, fern von Türen und Fenstern. Bei Plan B sollte man sich überlegen, was den/die Einbrecher zufriedenstellen könnte, sollte Plan A scheitern oder nicht umgesetzt werden können. Zu erzählen, man hätte nichts Wertvolles sowie kein Bargeld im Haus, könnte eine negative Reaktion auslösen, welche wiederum zu Gewalt gegen die Bewohner führen könnte. Ein falsches „Wertsachendepot“ mit ein wenig Kleinschmuck und Bargeld könnte z. B. nützlich sein, um gegebenenfalls die unangenehme Situation unbeschadet zu beenden und die Einbrecher mit etwas Beute zum Abgang zu bewegen.

Auch der Faktor Angst muss angesprochen werden. Angst ist eine natürliche Reaktion unseres Körpers und dient zur Selbsterhaltung in einer bedrohlichen Lage. Sie ist nichts Schlechtes (hält uns fokussiert, schärft unser Gehör und die Sehfähigkeit), sofern man sich

Angst ist eine natürliche Reaktion unseres Körpers und dient zur Selbsterhaltung in einer bedrohlichen Lage. Das birgt Vor- und Nachteile. Atmungskontrolle, den Glauben an die eigenen Fähigkeiten sowie fachspezifische Kenntnisse spielen eine entscheidend Rollen bei der Angst-Bewältigung in einer Notsituation.

nicht ausschließlich von ihr leiten lässt. Leider gibt es keine Zauberformel, wie man Angst am besten kontrolliert. Selbstvertrauen – an sich und seine Fähigkeiten glauben – ist sicherlich ein wichtiges Element, um der Angst nicht voll und ganz zu verfallen. Ein anderer Faktor, der nicht vernachlässigt werden darf, ist die Atmung. Normalerweise atmen wir acht bis zwölf Mal in der Minute ein und aus. Haben wir Angst, atmen wir öfter und flacher. Dies erschwert unter anderem die Zufuhr von wichtigem Sauerstoff zum Gehirn und beeinflusst somit unsere Fähigkeit, kontrolliert und bedacht zu handeln. Tief und regelmäßig atmen (vor allem eine möglichst lange Ausatmung) entspannt den Organismus, hilft den Herzschlag zu senken, beliefert das Hirn mit Sauerstoff und bildet somit das Bindeglied zwischen einem gut funktionierenden Körper und Geist. Bei der Nutzung einer Waffe in den eigenen vier Wänden sollten unbedingt Kenntnisse über den Grundriss und bauliche Eigenschaften des Hauses verinnerlicht sein (auch im Dunkeln). Dies kann man sich durch das Absuchen/Durchsuchen von Zimmern sowie die bewusste Nutzung von Deckungen, die sich dabei auf dem Weg befinden, aneignen und mit der Waffe „trocken" üben. Der Heimvorteil kann dadurch bestmöglich ausgenutzt werden, die eigenen Erfolgschancen erhöhen sich und Risiken werden minimiert. Ferner ist das nötige (Fach-) Wissen zum Waffeneinsatz wichtig: mit der Waffe sicher umgehen und treffen; der geübte Einsatz anderer Ausrüstungsteile wie die Taschenlampe; bewusstes Handeln, um im Bedarfsfall ohne zu zögern und möglichst verhältnismäßig mit den nötigen Gegenmaßnahmen zu reagieren, sollte eine Konfrontation mit den „ungeladen Gästen" unvermeidbar sein.

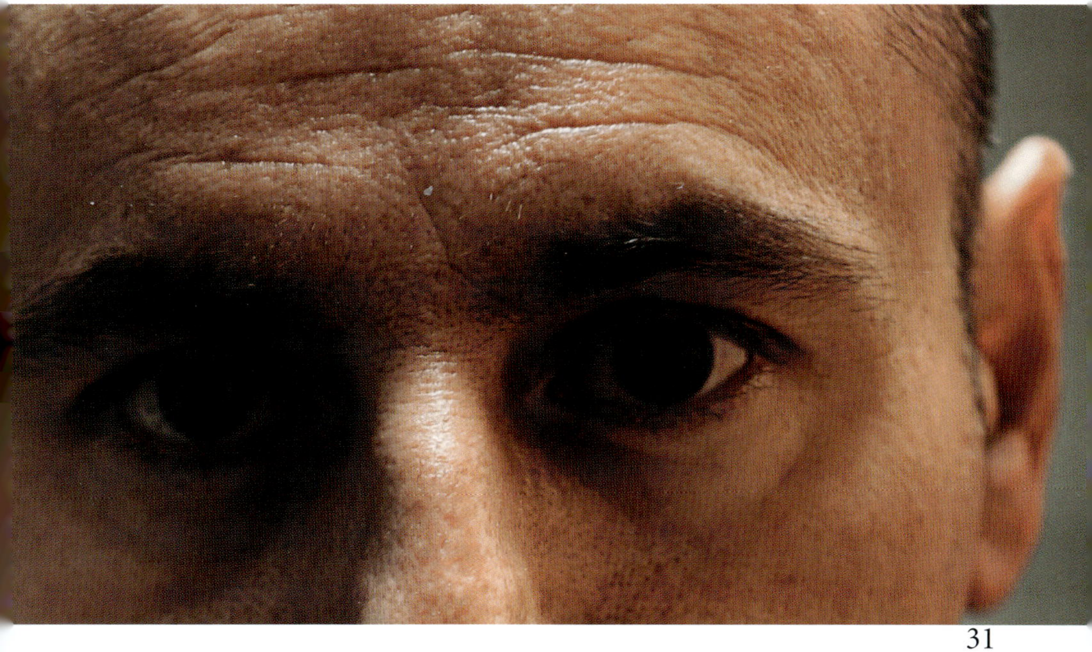

Kapitel 02

PRÄVENTIVMASSNAHMEN UND MATERIELLE VORBEREITUNG

Merke: *„Vorbeugen ist besser als heilen“.* Diese Redewendung bringt es auf den Punkt. Damit man sich nicht mit der Situation eines Einbruches beschäftigen muss, ist es ratsam, sich mit Präventivmaßnahmen zum Schutz vor Einbrüchen auseinanderzusetzen. Fenster und Balkon- bzw. Terrassentüren sind oft die Schwachstellen im Haus und von Einbrechern bevorzugte Eindringpunkte. Insbesondere die leicht erreichbaren Öffnungen z. B. im Erdgeschoss. Um sich Zutritt zu verschaffen, werden Türen bzw. Fenster mit einfachen Werkzeugen ausgehebelt. Noch einfacher ist es, wenn diese gekippt oder gar offen gelassen wurden. Auch höher positionierte Gebäudeöffnungen (Dachfenster, Dachflächenfenster usw.) sind vor einem Einbruch nicht sicher und sollten ebenfalls entsprechend berücksichtigt werden. Da diese oftmals schlecht einsehbar sind, können die Einbrecher sich an diesen Stellen ungestört ans Werk machen. Besonders wichtig ist es, keine Kletterhilfen im Garten stehen zu lassen, wie z. B. Leitern oder Rankgerüste. Das Verstärken besonders exponierter Öffnungen mit mechanischen Riegeln kann mit wenig Aufwand geschehen und ist höchst wirksam. Scheiben werden wegen dem verursachten Lärm nur in seltenen Fällen zu Bruch geschlagen. Am besten ist es, wenn von Anfang an geprüfte, einbruchhemmende Türen und Fenster eingebaut werden. Gut gesicherte Türen und Fenster gewaltsam zu öffnen, beansprucht einen hohen Zeitaufwand, ist mit Lärm verbunden und für Einbrecher unattraktiv. Gitter – insbesondere bei Kellerfenstern/-schächten – sind ebenfalls ein Muss (Foto 1).

Sehr wirksam ist auch Licht. Zwar werden die meisten Einbrüche entgegen der weitverbreiteten Meinung tagsüber verübt, doch vor allem während der Winterzeit sind z. B. Dämmerungseinbrüche sehr beliebt. Zeitschaltuhren im Haus sowie Beleuchtung mit Bewegungsmeldern außerhalb des Hauses können hier gute Dienste leisten, um Langfinger fernzuhalten (Foto 2).

Wird das Haus für längere Zeit verlassen, ist es ratsam die Rollläden (welche am besten nicht hochgeschoben werden können) herunter-

Ganz links: Um den Rückzugsraum schnell und effizient zusätzlich zu sichern, eignen sich Türkeile am besten. Von links: Wedge-It, Stoppy und Door Jammer.

zulassen. Eine gute Nachbarschaft, die sich gegenseitig hilft und bei Verdachtsfällen sofort die Polizei ruft, ist zudem erstrebenswert. Die Eingangstür sollte zweckmäßig verstärkt sein und über einen Weitwinkelspion sowie einen Sperrbügel verfügen. Speziell wenn es nachts geklingelt hat, sollte die Tür nur mit vorgelegtem Bügel geöffnet werden (Foto 3).
Im Zweifelsfall sollte man zuerst durch die geschlossene Tür die Kommunikation aufnehmen. Noch besser ist es, wenn man über eine Gegensprechanlage mit eingebauter Kamera verfügt. WLAN- und übliche Überwachungskameras können ebenfalls gute Dienste im Bereich der Prävention leisten (Foto 4).
Ferner sind ein Hund oder einfach eine entsprechende Warntafel auch sehr nützlich, um Einbrecher fernzuhalten. Je nach Budget ist es ratsam, sich von professionellen Einbruchschutzfirmen beraten zu lassen, welche das Haus besichtigen und es mit personalisierten, maßgeschneiderten Lösungen sicherer machen (Alarmanlage usw.). Im Inneren des Hauses sollten keine Wertsachen sichtbar herumliegen. Wichtige Dokumente, wertvolle Sammlungen, Gold oder Schmuck, die nur selten gebraucht werden, sollten in einem Bankschließfach deponiert werden. Sparbücher, Bargeld, alltäglicher Schmuck usw. sind am besten gut versteckt oder in einem Wertbehältnis untergebracht.
Für den Fall, dass trotzdem jemand uneingeladen eindringt, wenn man zuhause ist, ist es von Vorteil die Dinge, die man für eine mögliche Abwehr braucht, in Reichweite und einsatzbereit zu haben. Die Kurz- oder Langwaffe in einem Waffenschrank im Keller aufzubewahren, um mitten in der Nacht zu bemerken, dass gerade von dort verdächtige (Einbruch-)Geräusche kommen, ist alles andere als genial und optimal. Von Vorteil ist es, wenn Waffe, Munition (Reservemagazin) – im Rahmen der gesetzlichen Auflagen – sowie Handy, Erste-Hilfe-Kit und zwei Taschenlampen im Schlafzimmer aufbewahrt werden. Die benötigte Ausrüstung kann auch in einem sogenannten *Bug-Out Bag* aufbewahrt werden. Dieser kann im Bedarfsfall einfach umgehängt werden, wenn die Konfrontation aufgenommen oder das Haus verlassen werden muss.
Beim Aufbewahren von Waffen

und Munition ist es zwingend, die geltenden Gesetze zu beachten, damit diese vor unsachgemäßem Gebrauch geschützt sind. Hierfür eignen sich die Aufbewahrung in einem Waffenschrank oder die Sicherung mit einem speziellen Waffenschloss. Außerdem ist sicherzustellen, dass alle Gegenstände, die man für die Verteidigung benötigt, auch funktionieren (Unterhalt, Funktionscheck von Zeit zu Zeit) und sich dort befinden, wo sie sein sollten. Weiterhin ist der Raum, der als sicherer Raum gedacht ist, wie eben das Schlafzimmer, so zu verstärken, dass ein Eindringen erschwert wird (Tür-Keil, Zusatzschloss). Das vorhandene Mobiliar kann auch als Hindernis, Schutz und Deckung benutzt werden. Das Einrichten eines sogenannten *Panic Room* könnte auch eine Variante sein. Dieser kann jedoch sehr kostspielig werden und - je nachdem, wo er sich befindet – ein unnötiges Risiko sein, da er im Notfall erst erreicht werden muss.

Zusammengefasst:

- Das Haus sichern und sich Zuhause so verhalten (z. B. jeweils Eingangtüre abschließen), dass es gar nicht zu einem Einbruch kommen kann.
- Über Waffen und sonstiges Material sowie die nötigen Kenntnisse (Training) verfügen, um diese sachgerecht und effizient für eine erfolgreiche Verteidigung einsetzen zu können.
- Voll funktionsfähige und einsatzbereite Ausrüstung in Reichweite haben. Dort wo sie sein sollte.

Auch die beste materielle Vorbereitung ist keine Garantie, dass alles so gehen wird, wie man es sich vorstellt oder geplant hat. Zur materiellen Vorbereitung gehört zudem ein „falsches“ Wertsachendepot, das etwas Bargeld und einige alte Wertgegenstände beinhaltet. Diese kann man im Notfall – sollte man überrascht worden sein – dem/n Einbrecher(n) geben, um die Situation zu entschärfen. Die Übergabe sollte realistisch und glaubhaft gestaltet werden.

Überwachungskamera, Sensorlicht und Zeitschaltuhr sit Equipment, das selber gekauft und installiert werden kann, um besonders wenn es im Winter früh dunkel wird mögliche Langfinger fern zu halten.

Mit Wedge-It kann man zusätzlich Türen offen verkeilen, um beispielsweise zu verhindern, dass jemand sich in einen Raum einschließt.

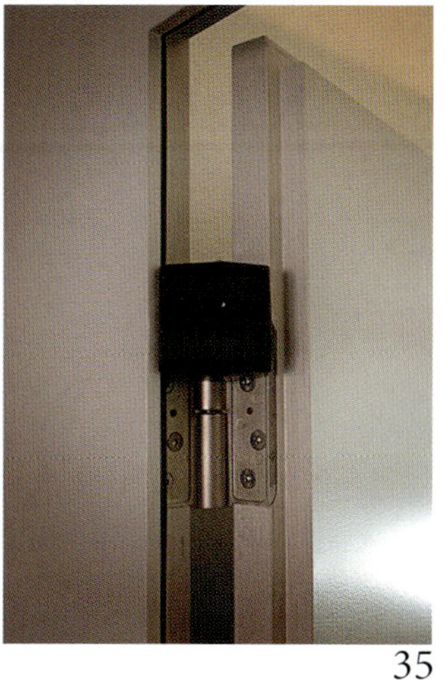

Ein *Bug Out Bag* ermöglicht mit einem Handgriff alles dabei zu haben, was man für den Abwehrkampf braucht (inkl. Sanitätsmaterial).

Kapitel 03

WAFFEN UND MUNITIONSWAHL

Auch alte Waffen eigenen sich für Verteidigungszwecke, solange sie in einem guten Zustand sind (Unterhalt), man die entsprechenden Handhabungen kennt und damit schießen (treffen) kann.

Wie bereits erläutert wurde, handelt es sich bei der besten Waffe gegen Einbrecher um Präventivmaßnahmen, damit es erst gar nicht zu einem Einbruch kommt. Aus dem Verteidigungsaspekt betrachtet werden wir in diesem Buch vorwiegend die Anwendungsmöglichkeiten von Kurz- und Langwaffen behandeln. Diese müssen letztendlich als *Ultima Ratio* angesehen werden. Da wir von der größten Gefahr ausgehen, also dass der Einbrecher bewaffnet sein könnte, wird der Einsatz von sogenannten nicht-letalen Mitteln, wie CS- und Pfeffer-Spray, Schreckschusswaffen oder Schlagstöcken, nur marginal besprochen. Mit „bewaffnet" sind Gegenstände gemeint, die lebensbedrohliche Verletzungen herbeiführen können, wie z. B. Messer, Brecheisen, Hammer, Schraubenzieher und nicht nur Schusswaffen.

Da sich das Buch an Legalwaffenbesitzer richtet, werden viele Leser bereits über eine Waffe verfügen (Sammler, Sportschützen, Jäger, Berufswaffenträger, Dienstwaffenträger usw.). Entsprechend gilt für alle – außer man kann wählen, weil verschiedene Waffen zur Verfügung stehen – aus dem was man hat, das Beste zu machen. Das betrifft auch das Training sowie die positiven und negativen Seiten der Waffe und des Kalibers zu berücksichtigen. Auch wenn sich Kurzwaffen besser für die gestellte Aufgabe eignen, ob kurz oder lang, bei einen Angriff auf Leib und Leben sind alle Waffen gut, um sich zur Wehr zu setzen. Man sollte jedoch über entsprechende Kenntnisse verfügen, wie man diese in einem Nahbereichsverteidigungskontext korrekt einsetzt.

Die meist verbreitesten Kaliber bei Kurzwaffen sind 9 mm Para, .45 ACP, .38 Special und .22 LR.

Die Frage, welche Waffe sich am besten eignet, um eine solche Aufgabe zu bewältigen, werden wir auch deshalb nicht beantworten, weil es dafür nicht die perfekte Waffe gibt. Schließlich geht es hier nicht nur um das Werkzeug, sondern vor allem darum, was der Besitzer damit macht. Einfacher gesagt: Nicht die Waffe, sondern die realen Fähigkeiten der Person, welche diese in der Hand hält, entscheidet die Situation. Bedienung, sicherer Umgang und Treffsicherheit führen zum Ziel.

Wir werden vier Waffenkategorien betrachten und versuchen, die Vor- und Nachteile aufzulisten. Die vier Kategorien sind: Pistolen, Revolver, Flinten und halbautomatische Gewehre. Kurzwaffen eignen sich am besten, um sich zuhause im Notfall zur Wehr zu setzen. Sie sind leicht, handlich, mit einer Hand schießbar und bieten auf Kurzdistanzen in einem Haus den besten Schutz gegen eine mögliche Entwaffnung. Einhändig schießbar bedeutet auch, dass man eine Hand frei zur Verfügung hat, um beispielsweise jemandem zu helfen, etwas zu tragen oder das Telefon zu bedienen, um Hilfe zu rufen. Ferner ist die sichere Unterbringung einer Kurzwaffe weniger platzaufwändig als die einer Langwaffe.

Das Schießen mit der Pistole – oder besser gesagt das Treffen – verlangt jedoch einiges mehr an Können als bei einer Langwaffe. Dies auch, wenn zuhause die Distanzen eher reduziert sind und sich das Treffen eines Zieles somit einfacher gestaltet. Zwischen Selbstladepistolen und Revolvern fällt die erste Wahl klar auf eine Pistole, auch wenn man dem Revolver für den reinen Zweck der Verteidigung zuhause gewisse Zugeständnisse machen muss. Ein Revolver ist einfach zu bedienen, er funktioniert mechanisch. Dies macht ihn weniger anfällig für Störungen, der lange Abzugweg beugt ungewollten Schussabgaben vor, sollte der Zeigefinger auf dem Abzug sein und im Stress zu viel Druck ausgeübt werden. Die kleinere Magazinkapazität, der lange Abzugweg, die langsamere Schussfolge und weniger Treffsicherheit sowie das Nachladen sind gegenüber einer halbautomatischen Pistole weniger vorteilhaft. Revolver können jahrelang geladen in einer Schublade liegen und trotzdem sofort einsatzbereit sein. Das Lagern von geladenen Waffen zuhause ist jedoch in der Regel rechtlich nicht erlaubt und nicht empfehlenswert. Vor allem, wenn im Haus auch andere Personen leben, insbesondere Kinder und Jugendliche.

Bei Flinten gibt es zwar sehr kurze Varianten auf dem Markt, jedoch bleiben eine gewisse Länge, das Gewicht und der Rückstoß, die ein zweihändiges Bedienen nötig machen. Ein mögliches Ergreifen der Waffe durch den Gegner ist außerdem leichter möglich als bei einer Pistole oder einem Revolver. Dies verlangt eine bessere Kontrolle der Waffe, wenn man diese in der engen Umgebung eines Hauses einsetzt. Ein einhändiges Schießen ist zwar möglich, jedoch – auch je nach Körperkonstitution – nicht gerade empfehlenswert. Positiv dagegen ist die große psychologische Wirkung eines solchen Gewehres, besonders wenn man das „Klack-Klack“ einer Repetierflinte beim Laden hört oder in die einschüchternde Laufmündung eines Kal. 12 schaut. Zum Bonus dieser Waffe gehört die

Langwaffen sind bei einem Home Defense-Szenario wegen ihrer Länge und Kalibergröße, die „Kollateralschäden" verursachen können, eher ungeeignet. Hat man keine andere Waffe zur Wahl, ist es von vitaler Bedeutung, in der Lage zu sein, in einem Nahverteidigungs-Kontext damit korrekt umzugehen. Von oben: Mossberg 500 Defender, Sturmgewehr 90 (SIG 550), Remington Police 11-87, DPMS Panther Arms A-15.

Möglichkeit, verschiedene Munitionssorten zu verschießen (letal/nicht letal). Diese können schnell gewechselt werden. Besonders die fragmentierte Munition erleichtert das Treffen auch unter Stress und aus der Hüfte. Die stark limitierte Magazinkapazität, das Gewicht, der deutlich spürbare Rückstoß – vom lauten Knall werden wir unter Berücksichtigung der sogenannten *Auditory Exclusion*, welche durch Stress ausgelöst wird, nicht sprechen – sind definitiv Nachteile, die man bei seiner Wahl berücksichtigen muss.

Selbstladegewehre sind beim Schießen gegenüber Flinten besser zu kontrollieren – je nach Kaliber sogar einhändig. Besonders Sturmgewehr-ähnliche Waffen besitzen eine hohe Feuerkraft, bedingt durch das Kaliber und je nach Rechtslage durch die Magazinkapazität. Nachteilig können die Länge sowie das Kaliber sein, da sie eine mögliche „Überpenetration" darstellen.

Bei der Kaliberwahl ist zu beachten, dass bei einem Einsatz der Waffe in den eigenen vier Wänden Angehörige oder Bekannte anwesend sein könnten. Diese könnten von Querschlägern getroffen werden, falls man auf ein zu starkes Kaliber setzt und das Ziel nicht trifft oder dieses durchschlägt. Fazit: Kollateralschäden.

Ein anderer Faktor ist die Schießbarkeit, die auf die Kontrolle der Waffe bzw. die Treffsicherheit auch bei einer schnellen und längeren Schussabgabe keinen Einfluss haben sollte. Ferner gilt es etwas zu wählen, das kein zu starkes Mündungsfeuer besitzt. Dieses

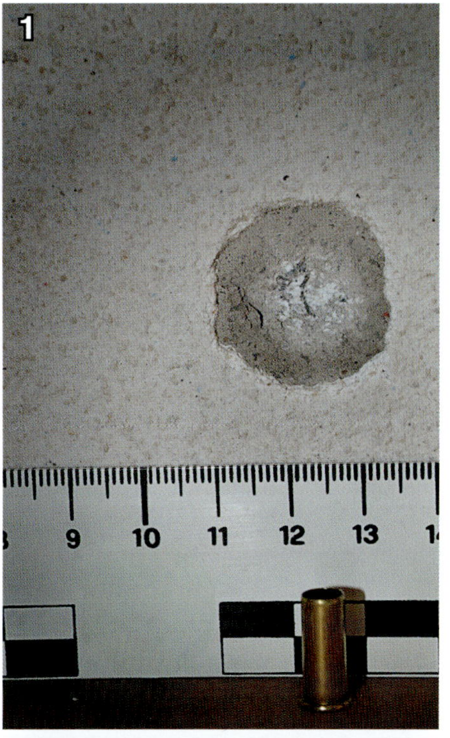

Beschusstest von Lochziegeln mit einseitigem Verputz aus 3 m Distanz. In der Reihenfolge: Kaliber: .22 (Foto 1), 9 mm Para (Foto 2), .45 (Foto 3), .38 Special (Foto 4), feines Schrot Nr. 10/1,7 mm (Foto 5) und Buckshot RC4/4,3 mm (Foto 6). Die Tests geben nur bedingt Auskunft über den wirklichen Halt des beschossen Materials – Lochziegel waren lose und nicht in einem Mauerwerk, die Trefferlagen jeweils nicht die gleiche und dienen ausschließlich dazu, sich ein Bild über die Zerstörungskraft der oben aufgelisteten Kaliber zu machen.

Besitzt man eine Flinte, ist feines Schrot ideal, um sich gegen mögliche Angreifer zur Wehr zu setzen, dies mit einem sehr geringen Querschlägerrisiko (von links: Nr. 10 – 1,7 mm und Nr. 9 - 2 mm verschossen aus einer Distanz von fünf Metern).

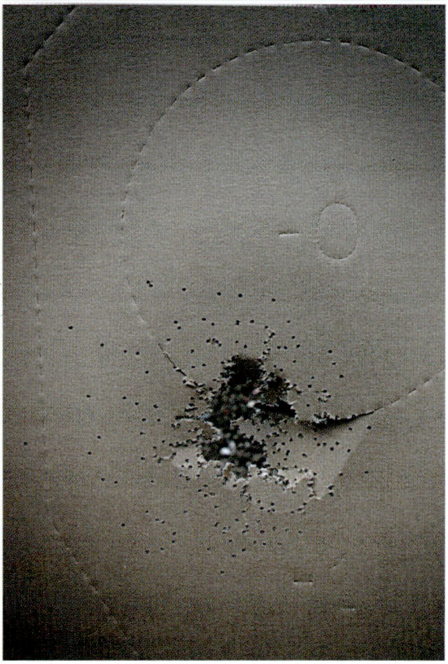

Ein Vorteil der Flinte ist, dass diese sogenannte nicht-letale Munition verschießen kann, welche es erlaubt, einen Angreifer kampfunfähig zu machen, ohne ihm dauerhaften Schaden zuzufügen. Eine falsche oder inadäquate Anwendung kann jedoch tödlich sein oder zu schweren Verletzungen führen. Im Bild: Fiocchi Rubber Baton sowie Sellier & Bellot Rubber Buckshot (15 Kugeln zu 7,5 mm).

kann z.B. im Dunkeln die eigene Position verraten sowie die eigene Anpassung der Augen an die Lichtverhältnisse (Nachtsicht) stark beeinträchtigen. Was die sogenannte Mann-Stopp-Wirkung betrifft, hängt die Wirkung eines Geschosses von verschiedenen Faktoren und nicht nur von der Größe ab: Trefferlage, Ausdehnung des Wundkanals und das Ausmaß der Verletzung bestimmen, ob ein Angreifer schnell außer Gefecht ist oder nicht. Vielleicht braucht es mehr Treffer im Kal. 22, um jemanden außer Gefecht zu setzen, als in einem größeren Kaliber. Vielleicht auch nicht und mit einem Schuss ist die Lage unter Kontrolle. Schließlich gilt es so lange zu schießen, bis der Angreifer gestoppt wurde. Ein Kaliber .45 oder .44 Magnum bieten auch keine spezielle Garantie dafür, dass mit einem Schuss alles gelöst wird. Unter Berücksichtigung der vorher aufgelisteten Faktoren wird klar, dass nicht alle Waffen für die Verteidigung zuhause wirklich geeignet sind.

Langwaffen im Kal. 5,56 mm, .308 oder 7,62 mm x 39 besitzen eine enorme Durchschlagskraft, bedingt durch schnellere Mündungsgeschwindigkeit und kinetische Energie. Sie können sehr große Schäden anrichten, dies nicht nur im positiven Sinn. Bei einem Kal. 12 kann man die Munitionssorte wählen und somit die Durchschlagkraft bestimmen. Feines Schrot eignet sich am besten für den Einsatz im Haus, denn es ist auf Kurzdistanzen wirkungsvoll, besitzt jedoch nicht zu viel Durchschlagkraft für den Fall, dass man das Ziel verfehlt.

Buckshoot oder *Slugs* sind hingegen dafür weniger geeignet. Gummischrot sowie Gummiballgeschosse können ebenfalls eine gute Wirkung im Ziel ent-

fachen und die Umgebung wird noch weniger gefährdet.
Bei einer Flinte kommt die Möglichkeit hinzu, schnell von einer Munitionsorte zur anderen zu wechseln, sollte die erwünschte Wirkung auf das Ziel nicht eintreffen. Selbstladepistolen und Revolver sind in den verschiedenen Kalibern erhältlich, die sich gut für die Verteidigung eignen. Bei den Handfeuerwaffen, angefangen mit dem weitverbreiteten Kaliber 9 mm Parabellum, 38 S&W, 7,65 mm, 9 mm kurz, 6,35 mm bis hin zum 22 LR sind alle Kaliber gut schießbar und können im Haus gute Dienste leisten, ohne die Personen, welche sich in unmittelbarer „Umgebung" befinden, übermäßig zu gefährden. Eine Dritt-Gefährdung kann allerdings niemals vollständig ausgeschlossen werden. Egal welches Kaliber man schlussendlich zur Hand hat, maßgebend ist es, in der Lage zu sein, damit sicher zu treffen und vor allem zu wissen, welche Schäden man damit anrichten kann.

Schreckschusswaffen, Pfeffersprays & Co.

Bei einem nächtlichen Einbruch, bei dem man davon ausgehen kann, dass die Bewohner zuhause sind (auch wenn sie schlafen), ist die Wahrscheinlichkeit, dass der Einbrecher bewaffnet sein könnten, groß. Eine Zeitwahl, bei welcher die Bewohner höchstwahrscheinlich anwesend sind, lässt vermuten, dass man eine Begegnung nicht fürchtet oder sogar sucht. Sich den Einbrechern in einem solchen Szenario nur mit einem Spray oder einer Schreckschusspistole bewaffnet zu stellen, ist möglicherweise weder ratsam noch sinnvoll. Zwar gilt in der Rechtsprechung der Einsatz dieser Mittel als unproblematischer gegenüber einer Schusswaffe, jedoch könnte die Wirkung bei einer akuten Gefahr nicht ausreichend sein, um einen Angriff wirklich zu stoppen. Schreckschusswaffen sehen zwar echten Handfeuerwaffen zum Verwechseln ähnlich, sie können jedoch keine scharfe Munition verschießen, sondern nur Knall- und Reizgaspatronen (CS oder Pfeffer) sowie pyrotechnische und Signalmunition. Das kann positive oder negative Auswirkungen auf der Gegenseite freisetzen, wenig beeindrucken bzw. eine Überreaktion auslösen. Die am meisten verbreiteten Kaliber sind die 8 mm (für Waffen älterer Bauart) und die 9 mm (P.A.K.) Pistole Automatik Knall (Foto 7).

Für die Verteidigung von Leib und Leben sind Schreckschusswaffen nur bedingt geeignet. Zwar kann der laute Knall in Kombination mit dem Reizgas durchaus wirkungsvoll sein, doch in geschlossenen Räumen wird mit großer Wahrscheinlichkeit auch der Schütze

7

eine Dosis CS-Gas oder Pfeffer einatmen. Zudem besteht die Gefahr, dass bei einem bewaffneten Einbrecher eine solche Schreckschusswaffe – wenn der erste „Schock“ vorüber ist und dieser nicht groß tangiert wurde – zu zusätzlicher Gewaltanwendung führen kann, mit unabsehbaren Konsequenzen. Bei der Wahl von Sprays, sei es je nach Rechtslage Pfeffer oder CS, sind solche, die einen direkten Strahl verschießen, sogenannten „Sprühneblern“ zu bevorzugen. Damit sinkt die Gefahr selber etwas abzubekommen. Auch hier könnte es bei einem erfolglosen Einsatz eng werden. Dies abgesehen davon, dass es schwierig sein kann, so nahe an den Eindringling heranzukommen, um den Strahl gut zu platzieren (Foto 8).

Was den Einsatz von Schlagstöcken (Teleskopstöcke, Tonfa und Rettungsstöcke usw. angeht) sofern erlaubt, verlangt dieser einen riskanten Kontakt zum Einbrecher und zugleich auch die Fähigkeit, den Stock so einzusetzen, dass einem der Schlagstock nicht entrissen wird. Dies setzt wiederum einen fortgeschrittenen Umgang damit voraus (Foto 9).

8

9

Kapitel 04

SICHERHEIT IM UMGANG MIT SCHUSSWAFFEN

Die Nutzung einer Schusswaffe für den Verteidigungsfall setzt voraus, diese korrekt bedienen zu und sicher damit umgehen zu können. Eine ungewollte Schussabgabe – ausgelöst durch falsche Handhabung oder weil die einfachsten Sicherheitsgrundregeln nicht befolgt wurden – könnte schwerwiegende Folgen haben. Eine Verletzung oder der Tod von Angehörigen, Drittpersonen, von Unbewaffneten, kooperativen oder flüchtenden Einbrechern sind Situationen, die unangenehme und einschneidende Konsequenzen mit sich bringen können, psychologisch sowie auch rechtlich.
Um Risiken zu minimieren, sind eine korrekte Handhabung der Waffe sowie die Einhaltung der Sicherheitsregeln zwingend notwendig. Eine 100-prozentige Sicherheit gibt es leider nicht. Das Thema Handhabung wird im nächsten Kapitel im Detail behandelt. Beim sicheren Umgang mit einer Waffe sind folgende vier Grundregeln unbedingt zu beachten:

Die Sicherheit im Umgang mit Waffen ist primär Kopfsache. In diesem Zusammenhang sollte immer der gesunde Menschenverstand im Vordergrund stehen.

#1. Alle Waffen sind als geladen zu betrachten!
Auch wenn eine ungeladene Waffe einen ungefährlichen Gegenstand darstellt, geladen kann sie töten. Um Unfälle zu vermeiden, sollte sie immer behandelt werden, als sei sie geladen, denn *„errare humanum est*".

Ein Sicherheitscheck sollte stets durchgeführt werden, wenn eine Waffe aufgenommen wird, um deren tatsächlichen Zustand zu prüfen.

#2. Sei nicht fahrlässig und achtlos bei der Ausrichtung deiner Waffe.
Ausgehend davon, dass jede Waffe als geladen zu betrachten gilt, ist die Richtung in welche diese gehalten wird, stets so bewusst zu wählen, dass niemand gefährdet wird und bei einer ungewollten Schussabgabe niemand unabsichtlich getroffen und verletzt wird.

#3. Solange die Waffe nicht auf das Ziel gerichtet ist und man nicht den Entschluss gefasst hat den Schuss auszulösen, ist der Zeigefinger außerhalb des Abzugsbügels zu halten.
Um einen Schuss auszulösen, muss der Abzug betätigt werden. Solange der Entschluss dafür nicht gefasst wurde, ist der Zeigerfinger weg vom Abzug zu halten. Wenn man erschrickt, das Gleichgewicht verliert oder unter Spannung und Nervosität zu viel Druck auf den Abzug ausübt: Dies sind Situationen die, zu einer unbeabsichtigten Schussauslösung führen können, wenn der Finger am Abzug sein sollte.

#4. Sich seines Zieles und dem, was neben oder hinter diesem steht, sicher sein.
Das Betätigen des Abzuges ist die letzte Handlung eines Schießvorgangs. Dieser sollte von Beginn bis zum Ende kontrolliert und bewusst ablaufen. Dazu gehört auch die Sicherheit darüber, dass das, was man treffen will, auch das richtige Ziel ist. Sollte das Geschoss das Ziel durchschlagen, darf es keine Gefahr für Unbeteiligte darstellen – solange es die Situation auch erlaubt.

Den Finger außerhalb des Abzugs halten ist eine der wichtigsten Sicherheitsregeln, um eine ungewollte Schussauslösung zu vermeiden.

Ein Tresor-Waffenschrank bietet den besten Schutz vor Missbrauch durch unberechtigte Dritte. Gedenkt man, die Waffen für den Selbstschutz zuhause zu gebrauchen, ist der Standort des Waffenschranks so zu wählen, dass er schnell zugänglich ist.

Waffe sichern/entsichern

Es müssen gewisse Grundregeln beachtet werden, um eine ungewollte Schussabgabe zu verhindern bzw. damit niemand unabsichtlich getroffen wird. Diesbezüglich spielt es im Wesentlichen keine Rolle, ob eine Waffe geladen und gesichert oder entsichert ist. Wird die Waffe in die Hand genommen und in einer Kontakt Position gehalten, weil eine unmittelbare Gefahr besteht, sollte sie auch entsprechend geladen und entsichert sein. Ist die Gefahr gebannt und hat sich die Situation wieder normalisiert, kann sie gesichert werden. Ein ständiges sichern und entsichern der Waffe sollte vermieden werden, um keine unangenehmen Überraschungen zu erleben, wenn man den Abzug betätigen muss.

Waffenschlösser oder ein Quicklock, bestehend aus zwei Komponenten: Einem mechatronisches Sperrelement zur Einführung ins Patronenlager (in der Größe des Kalibers der zu sichernden Waffe) sowie ein elektronischer „Schlüssel", welcher als Bedieneinheit dient. Sie bieten einen guten Schutz vor Missbrauch durch unberechtigte Dritte. Die Einhaltung der regional geltenden Gesetze ist jedoch maßgebend.

Zum Thema Sicherheit gehört auch die Aufbewahrung von Waffen und Munition. Je nach Land variieren die Rechtsvorschriften (teilweise sogar auf regionaler Ebene), wie und wo Waffen und Munition ordnungsgemäß und sicher verwahrt werden müssen. Wir bitten den Leser ausdrücklich, sich über die geltenden Aufbewahrungsvorschriften zu informieren und diese entsprechend zu befolgen. Im Allgemeinen gilt, primär den gesunden Menschenverstand walten zu lassen und Waffen so zu lagern, dass sie entweder z. B. im Waffenschrank nicht zugänglich sind oder durch entsprechende Sicherheitsmechanismen (Waffenschloss) gesichert sind. Nur so wird der Missbrauch durch unberechtigte Dritte verhindert. Munition ist jeweils getrennt von den Waffen ebenfalls gesichert aufzubewahren.

Bei automatischen Feuerwaffen (z. B. Schweiz) gilt die zwingende Trennung von Waffe und Verschluss.

Kapitel 05

GRUNDLAGEN DES SCHIESSENS

Unter die Grundlagen des Schießens fallen: Waffengriff, Waffe auf das Ziel richten, Anschlag, Körper- und Beinhaltung, Ausrichtung von Kimme und Korn, Visierungs-/Zielbild, Atemtechnik, Abzugskontrolle, Nachzielen. Diese dienen als zentrale Plattform, um später – wenn sie korrekt beherrscht werden – darauf aufbauen zu können. Diese Grundlagen sind wichtig für:

- Kontrolle der Waffe bei einer Schussabgabe.
- Förderung der Hand-Augen-Koordination.
- Gezielt treffen zu können.
- Stabile (statische) Schießposition.

Die Grundlagen sollen hauptsächlich als Basis dienen und nicht als das „Ein und Alles". Eine bewaffnete Auseinandersetzung ist keine statische Angelegenheit wie im Schießstand. Um sich erfolgreich zur Wehr setzen können, sei es aus Zeit- und Distanzgründen oder aus der Bewegungen und ohne die Hilfe der Visiereinrichtung und einen Gegner treffen zu können, bedingt es die Beherrschung alternativer Zielmethoden sowie der Schussabgabe aus der Bewegung. Diese können wiederum nur mit einer soliden Grundlage effizient und wirkungsvoll ausgeführt werden.

Waffengriff: Die Waffe soll gut in der Hand bzw. den Händen liegen, damit bei einer Schussabgabe der Rückstoß optimal absorbiert und kontrolliert wird. Der Griff an der Waffe soll nicht zu locker bzw. zu verspannt sein, um keinen negativen Einfluss auf das Trefferbild zu haben.

Kurzwaffe: Einhändiger Waffengriff. Den Griff mit der Schießhand so hoch wie möglich halten. Mittel-, Ring- und kleiner Finger umfassen den Griff und drücken die Waffe in den Handballen. Der Daumen wird entlang des Schlittens und leicht nach oben zeigend platziert.

Beim Revolver liegt der Daumen am Waffengriff und berührt die anderen Finger.
Zweihändiger Waffengriff: Erlaubt eine bessere Kontrolle der Kurzwaffe und ist wo immer möglich einem einhändigen Griff vorzuziehen. Die Pistole wird wie beim einhändigen Griff mit der Schießhand gefasst. Die andere Hand umfasst die Schießhand und schließt die Lücke am Griffstück, die beim einhändigen Halten entsteht. Der Daumen der nichtschießenden Hand wird unter dem Daumen der Schießhand als dessen Verlängerung ebenfalls auf das Ziel ausgerichtet platziert. Beim Revolver wird er seitlich so über den anderen Daumen gelegt, dass er nicht von der seitlichen Stichflamme der Trommel erfasst werden kann (Foto 2/3).

Langwaffe: Die Schießhand umfasst den Schaft oder den Pistolengriff und drückt die Waffe in

Beim zweihändigen Halten des Revolvers ist zu beachten, dass der Daumen der nicht schießenden Hand nicht zu nahe an der Seitenöffnung zwischen Trommel und Rahmen platziert wird, um bei einer Schussabgabe nicht von der Stichflamme getroffen zu werden.

die Schulter. Die nicht schießende Hand ergreift die Waffe am Vorderschaft und hilft somit, die Waffe in der Schießposition zu stabilisieren und den Rückstoß besser zu kontrollieren. Bei Repetierflinten führt die Hand am Vorderschaft auch die Ladebewegung aus (Foto 4).

Waffe auf das Ziel richten: Die Entscheidung, wie und wo man eine Waffe in Anschlag nimmt, hängt von der eigenen Position und Distanz zum Gegner sowie der Dringlichkeit den Schuss abzugeben ab. Solange der Griff an der Waffe korrekt ist, einfach die Waffe auf das Ziel richten und nicht verkrampfen. Solange die Position stabil, treffsicher und komfortabel ist, ist sie die richtige. Die Waffe sollte so gehalten werden, dass der Lauf und der Unterarm eine gerade Linie bilden. Dies vereinfacht das Ausrichten der Waffe auf das Ziel (Foto 5/6).
Bei der Langwaffe ist zu beachten, dass der Schaft zum Kopf geführt wird und nicht umgekehrt. Die Arme werden möglichst nahe entlang des Oberkörpers gehalten. Wie die nichtschießende Hand den Vorderschaft ergreift (Support-Griff/C-Griff) und wie sie positioniert wird, ist situativ bzw. instinktiv zu entscheiden. Wichtig ist, dass die Schussabgabe möglichst komfortabel und die Treffsicherheit nicht beinflusst wird (Foto 7/8).

Körper- und Beinhaltung: Die korrekte Körper- und Beinposition bei einer statischen Schießposition ist bedingt durch Stabilität und Gleichgewicht. Dies, um den Rückstoß oder einen möglichen Kontakt zum Gegner absorbieren zu können.

Dazu kommt auch die Möglichkeit, sich in alle Richtungen ungehindert bewegen zu können, um sich notfalls aus der Schusslinie/Angriffsachse fortzubewegen.

Umgesetzt bedeutet all dies: Beine leicht auseinander, als würde man einen halben Schritt machen, Knie leicht gebeugt, Oberkörper ein wenig nach vorne geneigt (Foto 9).

Ausrichten von Kimme und Korn: Egal ob Lang- oder Kurzwaffe, das Ausrichten von Kimme und Korn geschieht auf die gleiche Art und Weise. Für eine gezielte Schussabgabe müssen die Oberkanten von Kimme und Korn durch das Leitauge bündig anvisiert werden und das Korn in der Mitte der Kimme zentriert sein. Der Freiraum links und rechts ist gleich groß zu halten.

Visierungs-/Zielbild: Um das Ziel genau zu erfassen, wird das ausgerichtete Korn in der Mitte der Zielscheibe gehalten und der Fokus auf das Korn gerichtet, wobei das Ziel nur peripher zu sehen ist.

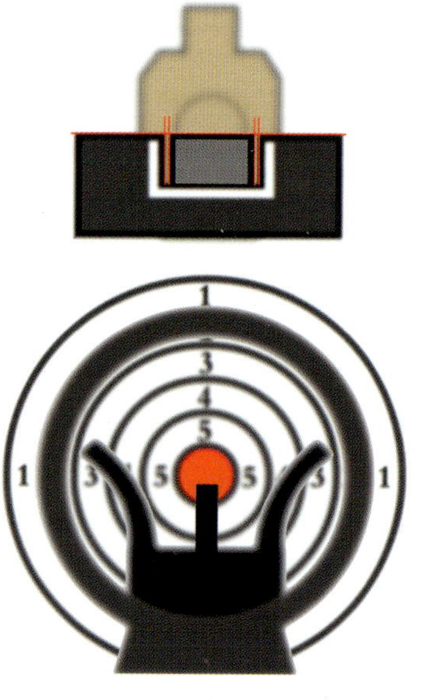

Oben: Der C-Griff, auch *Forward Hold* genannt, ist vor allem bei einer längeren und schnellen Schussabgabe sinnvoll. Da die Hand die Waffe sehr weit vorne greift, hilft das, den Rückstoß besser zu kontrollieren und bei mehreren Gefahren geleichzeitig, die Waffe gezielt und ohne unnötige Schwankungen auf das nächste Ziel zu richten.

Kann aus Zeitgründen das Korn nicht mit der Kimme genau bündig und gemittet werden, spricht man vom Blitz-Visierungsbild. Diese Technik ist vor allem auf Kurzdistanzen nützlich und wenn die Zeit drängt.

Atemtechnik: Die Atmung ist für präzises und gezieltes Schießen von besonders großer Bedeutung, da eine unkontrollierte Bewegung des Brustkorbes auf die Haltung der Waffe übertragen werden kann und sich negativ auf das Trefferbild auswirkt. Ein ruhiges und kontrolliertes Ein- und Ausatmen erlaubt dem Schützen sich optimal auf die Schussabgabe zu konzentrieren, ohne negative Folgen auf die Flugbahn des Geschosses. Dies erfolgt bestenfalls aus der Bauchgegend (Bauchatmung). Bei der Atemtechnik ist zu beachten, dass man kurz bevor man den Schuss auslöst, die Luft weitgehend ausgeatmet hat und den Atem nicht länger als fünf Sekunden anhält.

In einer bewaffneten Auseinandersetzung im Nahbereich sind für den Erfolg und das Überleben andere Faktoren entscheidend als die Atmung. Diese spielt dabei eher eine untergeordnete Rolle. Einerseits weil wegen der kurzen Distanz eine mögliche Abweichung des Geschosses gering ausfällt. Anderseits weil aufgrund des Adrenalinschubes, körperlicher Anstrengung und des Stresses in einer Verteidigungssituation ein erhöhter Bedarf an Sauerstoff besteht. Dieser kann zu Beginn nur durch eine schnellere Brustatmung kompensiert werden, was eine kontrollierte (Bauch-) Atmung schwierig macht.

Abzugskontrolle: Der Abzugsvorgang für gezieltes Schießen sollte kontrolliert, fließend und gleichmäßig verlaufen, ohne dass sich dabei die Bewegung merklich auf die Waffe überträgt. Beim Vorgang wird jeweils zuerst der Druckpunkt gesucht. Bei der Schussabgabe von mehreren Schüssen wird der Abzug nach jedem Schuss solange zurückgehalten, bis die Waffe den Ladezyklus vollzogen hat und wieder auf das Ziel gerichtet ist. Kimme und Korn sind somit wieder ausgerichtet. Anschließend wird der Abzug wieder von seiner Ausgangsposition zum Druckpunkt geführt. Der Zeigefinger behält ununterbrochen den Kontakt zum Abzug. Dies verhindert ein Durchreißen des Abzuges, was zu Fehltreffern führen könnte (Foto 10).

Nachzielen: Bei einer gezielten Schussabgabe bleibt das Zielauge während der ganzen Prozedur auf das Korn fokussiert, um das Ziel so schnell wie möglich erneut zu erfassen. Beim Deut-Schießen ist der Fokus jederzeit auf den Gegner gerichtet, also dort, wo man seine Schüsse platzieren will.

Kapitel 06

WAFFENHANDHABUNG PISTOLE, FLINTE, GEWEHR

Sollte tatsächlich unerwartet der Fall eintreten, dass man von der Waffe Gebrauch machen muss, wird das Gehirn mit so vielen Reizen überflutet sein, dass es versuchen wird, sich unter Zeitdruck zu erinnern, wie die Waffe funktioniert und betätigt wird. Dies wird alles andere als leicht sein und könnte zu einer fehlerhaften Handhabung führen. Die Waffe könnte in ihrer Funktionalität beeinträchtigt sein oder es könnte gar zu einer ungewollten Schussabgabe kommen. Umso bedeutender ist es, alle Handgriffe an einer Waffe zu kennen. Diese müssen bewusst ausgeführt und korrekt trainiert werden, um eine Kontinuität in den Bewegungen sowie einen gewissen Automatismus zu erlangen. Damit wird eine Überlegung des Ablaufs überflüssig, man kann sich in Notfall auf wichtigere Dinge konzentrieren. Die Abläufe dazu sind vorzugsweise einfach zu halten, um sie auch dann ausführen zu können, wenn das Gehirn auf „Kampf-oder-Flucht"-Modus umstellt hat und die Feinmotorik heruntergefahren wurde. Des Weiteren sollten mit einem möglichst kleinen Repertoire alle wichtigen Handhabungen durchführbar sein.

Zum Gebrauch einer Waffe gehören ebenfalls die Kontrolle des Ist-Zustandes *(Chamber Check)*, Laden und Entladen, Nachladen und Magazinwechsel, Beheben von Funktionsstörungen sowie die Wartung. Bei der Umsetzung in der Praxis wird die Waffe generell mit der Schießhand gehalten, die Handhabungen werden mit der nichtschießenden Hand ausgeführt. Die Waffen, die hier erläutert werden, sind die Selbstladepistole, der Revolver, Kal.-12-Flinte (Repetierer, Mossberg 500 Defender sowie Semi-Auto, Remington 11-87 Police) sowie Selbtsladegwehre (SIG 550 und AR 15). Da die SIG 550 auf dem AK-System basiert, wird sie nicht spezifisch erwähnt, da die Bedienung ähnlich ist. Einziger Unterschied ist, dass beim AK-System der Verschluss bei ausgeschossener Waffe nicht offen bleibt und nachdem ein neues Magazin eingeführt wurde, eine volle Ladebewegung durchgeführt werden muss.

Für alle Handhabungen gilt es, den Lauf in eine sichere Richtung zu halten. Dies können das eigentliche Ziel, eine Entladebox auf dem Schießstand, eine feste Außenwand oder eine sonstige sichere Richtung sein. Zuhause selbstverständlich nicht in Richtung Fenster. Wird die Waffe in Richtung einer Wand geladen, ist die Distanz so zu wählen, dass man bei bei einer ungewollten Schussabgabe nicht von herumfliegenden Teilen verletzt wird.

Waffen-(Chamber-)Check

Sobald eine Waffe in die Hand genommen wird, ist deren Ist-Zustand zu überprüfen. Auch wenn sie als geladen betrachtet und behandelt werden muss, gilt es immer, sich zu vergewissern, ob sich eine Patrone im Lauf befindet und wie viele Patronen im Magazin vorhanden sind.

Selbstladepistole: Waffe mit beiden Händen halten, Schießhand mit gestrecktem Zeigefinger parallel zum Schlitten. Die nichtschießende Hand mit einer Rotationsbewegung des Daumens über den Schlitten in Position bringen. Verschluss soweit öffnen, dass man die Patrone im Patronenlager sieht. Verschluss

kräftig schließen, die Hand zurück zur Ausgangsposition bringen (Foto 1). Magazin herausnehmen, um zu kontrollieren, wie viele Patronen sich darin befinden.

Revolver: Waffe mit der Schießhand halten. Zeigefinger gestreckt am Rahmen entlang, parallel zum Lauf positionieren. Mit dem Daumen der Schießhand den Entriegelungsschieber betätigen. Mit der nichtschießenden Hand die Trommel ausschwenken, wobei die Trommel mit dem Mittel- und Ringfinger gedrückt und gehalten wird. Danach jede einzelne Patrone anschauen, ob sie verschossen oder geladen ist (Foto 2). Trommel mit dem Handballen der nichtschießenden Hand wieder in den Rahmen einschwenken.

Repetierflinte: Waffe mit der Schießhand am Kolbengriff, Zeigefinger entlang am Verschlussgehäuse, parallel zum Lauf. Mit der nichtschießenden Hand am Ladegriff halten. Sicherstellen, dass die Waffe gesichert ist und diese danach mit dem Verschluss nach oben leicht abdrehen. Verschluss mittels Ladegriff soweit öffnen, dass man die Patrone im Patronenlager sieht. Sollte sich die Waffe nicht öffnen lassen, weil sie geladen ist, zuerst den Verschlusshalter drücken (Foto 3). Verschluss mit dem Ladegriff kräftig schließen. Mit dem Daumen der nichtschießenden Hand den „Löffel" im Röhrenmagazin hochdrücken, um zu schauen, ob sich weitere Munition in der Waffe befindet.

Selbstlade-Flinte/-Gewehr: Waffe unter den Arm mit der Schießhand am Kolben- bzw. Pistolengriff halten. Zeigefinger am Verschlussgehäuse entlang strecken, parallel zum Lauf positionieren. Sicherstellen, dass die Waffe gesichert ist und diese leicht nach innen abdrehen.
Semi-Auto-Flinte sowie SIG 550 oder ähnliche Waffensysteme: Mit dem Zeigefinger oder Daumen der nichtschießenden Hand Verschluss mittels Ladehebel soweit öffnen, dass man eine etwaige Patrone im Patronenlager sieht. Bei Dunkelheit kann die Patrone mit dem Finger gefühlt werden. Foto (4/5).
AR-15-Systeme: Verschlussgriff mit Zeige- und Mittelfinger der nichtschießenden Hand ergreifen und soweit öffnen, dass man eine Patrone im Patronenlager sehen kann (Foto 6).
Ladehebel der Flinte loslassen und sich vergewissern, dass der Verschluss komplett eingerastet ist. Mit dem Daumen der nichtschießenden Hand den „Löffel" im Röhrenmagazin hochdrücken, um zu schauen, ob dieser voll oder leer ist. Magazin herausnehmen, um zu kontrollieren, wie viele Patronen sich darin befinden.

Waffe laden

Selbstladepistole: Waffe mit der Schießhand und gestrecktem Zeigefinger parallel zum Schlitten mit dem Lauf in eine sichere Richtung halten. Volles Magazin ergreifen, wobei der Zeigefinger die Spitze der ersten Patrone berührt. Dies erleichtert das Einführen in die Waffe (Foto 7). Waffe seitlich schräg halten, um das Einführen des Magazins zu erleichtern. Man führt das Magazin mit kräftigem Druck ein und vergewissert sich, dass dieses ordnungsgemäß eingerastet ist (evtl. Gegenbewegung). Den Schlitten von oben bei den Schraffierungen greifen und mit einer kräftigen Bewegung bis zum Anschlag zurückziehen. Danach nach vorn schnellen lassen. Nicht begleiten! (Foto 8). *„Chamber Check"* durchführen, um sich zu vergewissern, dass die Pistole wirklich geladen wurde. Falls nötig den Schlaghammer durch den entsprechenden Hebel (sofern vorhanden) entspannen.

Revolver: Waffe mit der Schießhand halten. Der Zeigefinger ist am Rahmen entlang gestreckt. Mit dem Daumen der Schießhand den Entriegelungsschieber betätigen. Mit der nichtschießenden Hand die Trommel ausschwenken, wobei diese mit dem Mittel- und Ringfinger gedrückt und gehalten wird. Die Waffe nach vorne kippen und die Trommel entweder einzeln oder via Schnelllader komplett auffüllen (Foto 9/10). Trommel mit dem Handballen der nichtschießenden Hand wieder in den Rahmen einschwenken.

4

5

Repetierflinte: Es gibt zwei Varianten, eine Repetierflinte zu laden, je nach Dringlichkeit.

Dringlichkeit hoch: Die Situation verlangt, dass die Waffe sofort mit einer Patrone geladen werden muss, um auf eine unmittelbare Bedrohung zu reagieren. Dazu die Waffe unter den Arm und mit der Schießhand am Kolbengriff (Zeigefinger gestreckt am Verschlussgehäuse entlang) sowie mit der nichtschießenden Hand am Ladegriff halten. Sicherstellen, dass die Waffe gesichert ist und diese anschließend leicht abdrehen, so dass der Verschluss sichtbar ist. Verschluss öffnen, eine Patrone einführen und den Verschluss schließen. Dabei ist zu beachten, dass die Patrone zwischen dem Zeige- und kleinem Finger eingeklemmt wird. Für das Einführen kann von unten wie auch von oben vorgegangen werden (Foto 11/12/13). Im Anschluss das Röhrenmagazin laden.

Eine andere Möglichkeit besteht darin, eine Patrone in das Röhrenmagazin zu schieben. Im Anschluss erfolgt eine Ladebewegung, damit sich eine Patrone im Lauf befindet. Danach kann mit dem Abfüllen des Röhrenmagazins fortgefahren werden.

Dringlichkeit tief: Die Situation ist noch nicht derart brenzlig, dass man die Waffe sofort laden muss. Waffe mit der Schießhand am Kolbengriff halten, Zeigefinger gestreckt am Verschlussgehäuse entlang. Sicherstellen, dass die Waffe gesichert ist. Röhrenmagazin abfüllen und anschließend Ladebewegung ausführen.

Selbstladeflinte/-Gewehr: Waffe unter den Arm und mit der Schießhand am Kolben- bzw. Pistolengriff halten. Zeigefinger gestreckt am Verschlussgehäuse entlang. Sicherstellen, dass die Waffe gesichert ist und diese leicht abdrehen,

7

8

um das Einführen des Magazins/ das Einführen der Patronen in das Röhrenmagazin zu erleichtern. Das volle Magazin gut greifen, mit kräftigem Druck in die Waffe einführen und sich eventuell mit einer Gegenbewegung vergewissern, dass das Magazin ordnungsgemäß eingerastet ist (Foto 14/15). Bei der Flinte den Verschluss öffnen, das erste Geschoss direkt in das Patronenlager einführen und wieder schließen. Danach das Röhrenmagazin füllen (Foto 16). Den Verschlusshebel mit dem Daumen oder dem Zeigefinger je nach Präferenz der nicht schießenden Hand von oben oder unten ergreifen. Dann mit einer kräftigen Bewegung bis zum Anschlag zurückziehen und nach vorne schnellen lassen – nicht begleiten (Foto 17/18).
AR-15-Systeme: Den Verschlussgriff mit Zeige- und Mittelfinger der nicht-dominaten Hand ergreifen und mit einer kräftigen Bewegung bis zum Anschlag zurückziehen. Danach nach vorn schnellen lassen – nicht begleiten. (Foto 19). *„Chamber Check“* durchführen, um sich zu vergewissern, dass die Waffe wirklich geladen wurde.

Waffe entladen

Selbstladepistole: Waffe mit der Schießhand und gestrecktem Zeigefinger parallel zum Schlitten mit dem Lauf in eine sichere Richtung halten. Magazin an der Bodenplatte greifen und gleichzeitig mit dem Magazinhalteknopf lösen, herausziehen und in der Hosen- oder einer sonstigen Tasche platzieren. Beim Lösen des Magazins sollte man dieses bewusst herausziehen, insofern der Magazinboden es erlaubt. Keinesfalls sollte man das Magazin nach dem Drücken des Magazinhalteknopfs in die Hand fallen lassen. Es besteht die Gefahr, dass es herunterfällt. Ebenso sollte man nicht darauf vertrauen, dass das Magazin von alleine aus dem Magazinschacht gleitet.
Sich um 90° in Richtung Schießhand drehen, während die Waffe auf das Ziel gerichtet bleibt. Die Waffe nun waagerecht kippen, sodass die Magazinöffnung in die Richtung des eigenen Oberkörpers zeigt. Den Schlitten mit der nichtschießenden Hand von oben bei den Schraffierungen greifen und mit einer langsamen Bewegung bis

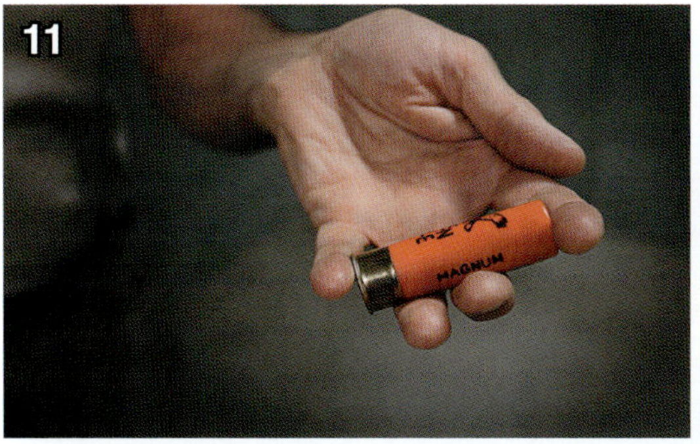

zum Anschlag zurückziehen. Mit dem Daumen der Schießhand den Verschlussfanghebel arretieren. Gleichzeitig die noch im Lauf vorhandene Patrone ebenfalls mit der nichtschießenden Hand auffangen und in einer Tasche verstauen.
Nach der visuellen Kontrolle, ob das Patronenlager wirklich leer ist, den Verschluss kurz nach hinten ziehen und nach vorne begleiten. Diesmal nicht schnellen lassen. Durch ein gezieltes Betätigen des Abzuges auf das Ziel bzw. in eine sichere Richtung oder durch Betätigen des Entspannhebels wird die Waffe entspannt.

Revolver: Waffe mit der Schießhand halten. Zeigefinger gestreckt am Rahmen entlang parallel zum Lauf positionieren. Mit dem Daumen der Schießhand den Entriegelungsschieber betätigen. Mit

14

15

16

der nicht schießenden Hand die Trommel ausschwenken, wobei die Trommel mit dem Mittel- und Ringfinger gedrückt und gehalten wird. Waffe nach unten kippen, gleichzeitig Patronenauswurf mit dem Daumen betätigen. Die Patronen mit der schießenden Hand auffangen und in einer Tasche deponieren. Nach visueller Kontrolle, dass alle Kammern leer sind, Trommel mit dem Handballen der nichtschießenden Hand wieder in den Rahmen einschwenken.

Repetierflinte: Waffe unter dem Arm und mit der Schießhand am Kolbengriff halten (Zeigefinger gestreckt am Verschlussgehäuse entlang) sowie mit der nichtschießenden Hand am Ladegriff. Sicherstellen, dass die Waffe gesichert ist und danach diese so abdrehen, dass die Verschlussöffnung sichtbar ist und nach oben zeigt.
Den Verschlusshalter drücken und gleichzeitig langsam den Verschluss öffnen, so dass die Patrone im Patronenlager sowie die erste im Röhrenmagazin ausgeworfen werden, jedoch nicht auf den Boden fallen. Durch das Abdrehen der Waffe beide Patronen mit der nicht schießenden Hand auffangen und in einer Tasche verstauen. Durch Drücken der Magazinarretierung alle Patronen eine nach der anderen entfernen. Nach der visuellen Kontrolle, ob das Patronenlager wirklich leer ist, den Verschluss schließen und im Anschluss das Röhrenmagazin prüfen, ob eventuell noch Patronen vorhanden sind.

Selbsladeflinte/-Gewehr: Waffe unter dem Arm und mit der Schießhand am Kolbengriff bzw. Pistolengriff halten. Zeigefinger am Verschlussgehäuse entlang gestreckt. Sicherstellen, dass die Waffe gesichert ist, danach das Magazin entnehmen und sicher verstauen. Waffe so abdrehen, dass die Verschlussöffnung sichtbar ist und nach oben zeigt. Anschließend den Verschluss langsam öffnen, so dass die Patrone im Patronenlager ausgeworfen wird, jedoch nicht auf den Boden fällt und in der Verschlussöffnung bleibt. Die nicht-dominate Hand von unten an die Magazinöffnung halten bzw. vor dem Verschlussfenster positionieren und durch das Abdrehen der Waffe Patrone/n auffangen und verstauen.
Bei der Flinte Waffe sichern, mit der Handkante Verschluss öffnen und gleichzeitig die ausgeworfene Patrone mit der Hand auffangen. Waffe abdrehen und durch Drücken der Magazinarretierung alle Patronen eine nach der anderen entfernen.
Nach der visuellen Kontrolle, ob das Patronenlager wirklich leer ist, den Verschluss schließen und bei der Flinte prüfen, ob noch Patronen im Röhrenmagazin vorhanden sind.

Magazinwechsel/Nachladen

Wie die Erfahrung zeigt, werden bei einem häuslichen Zwischenfall normalerweise keine Ersatzmagazine bzw. Zusatzmunition gebraucht. Sollte es trotzdem soweit kommen, dass man „ausgeschossen“ ist und das Magazin wechseln oder man die Waffe nachladen muss, weil keine Lösung in Sicht ist, hat man ein reales Problem. Bis dahin muss tatsächlich einiges schief gelaufen sein oder wir befinden uns in der Schlussszene von Al Pacinos Film „Scarface“. Weil es zur Grundhandhabung einer Waffe gehört, werden wir den Magazinwechsel bzw. das Nachladen dennoch behandeln.

17

18

19

Unterschieden wird zwischen reaktivem und aktivem Wechseln bzw. Nachladen.
Reaktives Nachladen heißt, dass die Waffe leergeschossen wurde und ich auf dieses Ereignis hin den Magazinwechsel vornehme und somit die Waffe nachlade.
Aktives Wechseln bedeutet, dass ich den Entschluss gefasst habe, das gerade benutzte Magazin solange es die Situation erlaubt mit einem vollen Magazin zu ersetzen, um wieder über die volle Kapazität zu verfügen. Das reaktive Wechseln ist einer Störungsbehebung gleichzustellen. Während eines Schusswechsels kann es sehr schwierig sein – bedingt durch Stress und Zeitdruck – nachzudenken und zu unterscheiden, warum eine Waffe plötzlich nicht mehr schießt. Dies ermöglicht es, über eine einheitliche Prozedur zu verfügen. Sollte die Waffe nicht mehr schießen, kan man dadurch schnell und effizient reagieren. Auch wenn einige Leser damit nicht einverstanden sein werden, muss hier vor Augen geführt werden, dass man in einer solchen Situation weder Zeit hat herausfinden, was an der Waffe nicht stimmt, noch um einfach nichts zu tun.

Selbstladepistole: Schlag auf den Magazinboden und Ladebewegung *(Tap-Rack)*, gleichzeitig die Waffe leicht waagerecht kippen und auf Augenhöhe bringen. Das Magazin an der Bodenplatte greifen und gleichzeitig mit dem Magazinhalteknopf lösen, herausnehmen und auf den Boden fallen lassen. Sofern die Zeit und die Lage es zulassen, in einer Tasche verstauen. Danach ein volles Magazin ergreifen und einführen. Die Ladebewegung erfolgt in diesem Fall durch das Zurückziehen des Verschlusses bis zum Anschlag, damit die Arretierung gelöst wird und der Schlitten nach vorne schnellen kann. Auf die Nutzung des Verschlussfanghebels (der eben nicht Verschlussauslösungshebel heißt) wird dabei bewusst verzichtet. In Stresssituationen, in denen die Grobmotorik zum Zuge kommt, ist ein kleiner Hebel, der unter Spannung steht, schwierig zu betätigen und könnte einen Zeitverlust bedeuten.

Revolver: Zweimal (leer) abdrücken, danach mit dem Daumen der Schießhand den Entriegelungsschieber betätigen. Mit der nichtschießenden Hand die Trommel ausschwenken. Dabei wird die Trommel mit dem Mittel- und Ringfinger gedrückt und vom Daumen der nichtschießenden Hand gehalten. Waffe nach vorne kippen und Auswerfstange mit der Handfläche zudrücken, um die Trommel zu leeren. Danach entweder einzeln oder eine ganze Ladung via Schnellader auffüllen (Foto 20).
Trommel mit dem Handballen der nichtschießenden Hand wieder in den Rahmen einschwenken.

Repetierflinte: Bei hoher Dringlichkeit den Verschluss öffnen, eine Patrone einführen, Verschluss schließen, weiterschießen. Die Prozedur solange wiederholen, solange Munition vorhanden ist bzw. die Situation es verlangt. Oder Patrone in Röhrenmagazin schieben, Ladebewegung, schießen usw.

Selbstladeflinte: Bei erhöhter Dringlichkeit eine Patrone in den bereits geöffneten Verschluss einführen, Verschluss schließen und weiterschießen. Die Prozedur solange wiederholen, wie Munition vorhanden ist bzw. die Situation es verlangt.

Selbstladegewehr: Schlag auf den Magazinboden und Ladebewegung *(Tap-Rack)*. Gleichzeitig die Waffe leicht waagerecht kippen und auf Augenhöhe bringen.
Das Magazin an der Bodenplatte greifen und gleichzeitig mit dem Magazinhalteknopf lösen. Dann herausnehmen und auf den Boden fallen lassen. Sofern es Zeit und Lage es zulassen, in einer Tasche verstauen. Volles Magazin greifen und einführen. Die Ladebewegung erfolgt in diesem Fall durch das Zurückziehen des Verschlusses bis zum Anschlag, damit die Arretierung gelöst wird und der Verschluss nach vorne schnellen kann.

Funktionsstörungen beheben

Leider kann eine Störung an der Waffe jederzeit auftreten. Dies ist unabhängig von Waffentyp und Munitionsart. Sie ist der Albtraum eines jedes Schützen, besonders wenn sie im Nahdistanzbereich zum Gegner vorkommt. Die Faktoren, die eine Störung verursachen, können beim Schützen, bei der Waffe ober bei der Munition selbst liegen. Das wären z. B. eine nicht korrekte Handhabung oder ein Defekt. Ob mit der Behebung einer Störung fortgefahren werden kann oder sofort andere Maßnahmen ergriffen bzw. Mittel eingesetzt werden müssen, diktiert die Situation, in der man sich gerade befindet. Egal ob es sich um eine Störung oder eine sonstige Beeinträchtigung handelt: Ziel einer bewaffneten Auseinandersetzung ist primär, den Kampf für sich zu entscheiden und nicht unbedingt die Waffe wieder funktionsfähig zu machen.
Was die Störungen selber angeht, sind die am häufigsten auftretenden Probleme mit einer Feuerwaffe: Waffe nicht geladen bzw. Magazin falsch eingesetzt, Ladebewegung nicht richtig ausgeführt, Auswurf- und Zufuhrstörung oder defektes Magazin. Blockiertes Verschlussstück und Zündstörung bei der Patrone sind auch möglich. Da oft keine Zeit vorhanden ist, um herauszufinden, weshalb die Waffe plötzlich nicht mehr schießt, ist es ratsam sich für solche Fälle eine Prozedur angeeignet zu haben, welche unter Stress ohne Überlegungen durchgeführt werden kann (Fotos 21 bis 26).

Selbstladepistole: Schlag auf den Magazinboden und Ladebewegung. Sollte das Problem nicht gelöst sein, Magazinwechsel durchführen. Eine Ladebewegung konnte z. B. nicht ausgeführt werden, weil eine Zufuhrstörung eingetreten ist. Je nach Situation sofort andere Verteidigungsmittel in die

Abwehr einfließen lassen oder andere Maßnahmen einleiten.

Revolver: Wenn ein Revolver nicht mehr schießt, ist meist etwas ernsthaft defekt. Störungen sind beim Revolver eher eine Seltenheit, da kein Gas benötigt wird, um den Schlitten hin und her zu führen, sondern alles mechanisch funktioniert. Demnach zweimal abdrücken. Falls dann immer noch kein „Bang“, Waffe nachladen und weiterschießen, sonst Plan B!

Repetierflinte: Ladebewegung ausführen und gleichzeitig die Waffe auf die Auswurfseite drehen, um das Auswerfen der eventuell defekten Patronen zu erleichtern. Danach weiterschießen. Wenn der Verschluss sich nicht öffnen lässt: Verschlussfanghebel drücken und Ladebewegung ausführen. Sollte die Ladebewegung nicht möglich sein, weil zwei Patronen eingeklemmt sind, die Waffe mit dem Kolbenende kurz und kräftig auf den Boden schlagen, um den Verschluss zu deblockieren, sofern Zeit für ein solches riskantes „Manöver“ vorhanden ist.

Selbstladeflinte: Ladebewegung ausführen und gleichzeitig die Waffe auf die Auswurfseite drehen, um das Auswerfen der evtl. defekten Patronen zu erleichtern. Danach weiterschießen. Lässt sich der Verschluss aufgrund einer Zuführstörung nicht öffnen: Waffe mit dem Kolben kurz und kräftig auf den Boden schlagen und gleichzeitig Ladebewegung ausführen, um den Verschluss zu deblockieren.

Selbstladegwehrgewehr: Schlag auf Magazinboden und Ladebewegung *(Tap-Rack)*. Gleichzeitig die Waffe leicht waagerecht kippen und auf Augenhöhe bringen. Sollte das Problem weiter bestehen: Magazin an der Bodenplatte greifen und gleichzeitig mit dem Magazinhalteknopf lösen, herausnehmen und auf den Boden fallen lassen. Sofern die Zeit und die Lage es zulassen, in einer Tasche verstauen. Volles Magazin ergreifen und einführen. Die Ladebewegung erfolgt in diesem Fall durch das Zurückziehen des Verschlusses bis zum Anschlag, damit die Arretierung gelöst wird und diese nach vorne schnellen kann.

21

22

23
342

24

25

26

Kapitel 07

BEREITSCHAFTS- UND SCHIESSPOSITIONEN

Sobald man eine Waffe in der Hand hält, sollte diese immer so gehandhabt werden, dass sie kein Risiko für einen selbst oder Drittpersonen darstellt. In einem Home-Defense-Szenario bedeutet dies, für einen sofortigen Einsatz bereit zu sein und trotzdem keine Angehörigen, die sich in unmittelbarer Nähe befinden, zu gefährden.
Zu diesem Zweck gibt es sogenannte Bereitschaftspositionen, die je nach Bedrohungslage und Dringlichkeit eine schnelle und effiziente Reaktion erlauben. Dies ohne dabei Abstriche beim Thema Sicherheit machen zu müssen. Dabei wird zwischen keinem Kontakt und Kontakt zum Gegner *(Ready/Contact Ready)* unterschieden.
Das Ziehen der Waffe aus dem Holster wird hier jedoch nicht thematisiert werden (siehe „Die Pistole im Feuerkampf"). In einer Home-Defense-Situation werden die Wenigsten ein Holster anziehen oder es bereits tragen.
Es existieren einige empfehlenswerte Bereitschaftspositionen, die es erlauben, auf eine unmittelbare Bedrohung bestens vorbereitet zu sein. Dabei sollte die unmittelbare Umgebung nicht gefährdet werden. Ebenso sollte der Lauf der Waffe nicht auf etwas gerichtet sein, das man nicht treffen möchte.

Kurzwaffe

Bei der Kurzwaffe handelt es sich um die Positionen *SUL Ready*, *SUL Covert Ready* und *Covert Ready*.
- Bei ***SUL Ready*** (SUL bedeutet Süd in portugiesischer Sprache) handelt es sich um eine multifunktionelle Position. Mit dieser kann man die „Lage checken" und sich überallhin hinbewegen. Dies speziell hinter eine andere Person, ohne die Waffe auf jemanden zu richten und trotzdem jederzeit schnell ein Ziel erfassen zu können. Die Position erlaubt zudem bei einem überraschenden tätlichen Angriff einen hervorragenden Rundumwaffenschutz. (Foto 1).
- Die Position ***Covert SUL*** erfüllt die gleichen Dienste wie die SUL, mit dem Unterschied, dass die Waffe zusätzlich durch die nicht-dominante Hand gedeckt wird. Dies erschwert ein Entreißen der Waffe. Ferner fungiert die Hand auch als Sichtschutz, was ein Erkennen der eigenen Waffe schwieriger macht (Foto 2).

- Mit der ***Covert-Ready***-Position können Situationen gehandhabt werden, in denen man sich noch nicht sicher ist, ob überhaupt eine Gefahr besteht. Dabei werden Angehörige oder Freunde nicht erschreckt und Unbekannte nicht grundlos eingeschüchtert (z. B. fremde Person im Garten). Diese Position benutzt man auch, bevor man die Gewissheit hat, dass jemand tatsächlich eine Bedrohung darstellt (Foto 3).

Ist der Gegner erkannt worden und man steht in visuellem Kontakt zu ihm oder in der Richtung, aus welcher er jederzeit auftauchen könnte, ändert sich die Lage schlagartig. Jetzt kommen ***Contact-Ready***-Positionen zum Zug. Sie gelten als Schießpositionen, da aus ihnen jederzeit eine Schussabgabe erfolgen kann.
Zur Kategorie gehören: *Contact Ready, Compressed Contact Ready, Center Axis Relock, High Center Axis Relock* und *Close Contact Ready.* Alle fünf erfüllen die gleiche Aufgabe, jeweils angepasst auf die Distanz zum Gegner oder zu einer Gefahrenstelle.

- Die Position ***Contact Ready*** ist vorwiegend dann zu nutzen, wenn genügend Platz vorhanden ist (z. B. langer Gang). Das Risiko einer Entwaffnung ist nicht gegeben, wahlweise zum Absuchen oder um einen bewaffneten Einbrecher in Schach zu halten. Zu beachten ist, dass die Waffe auf Höhe des Gegners gerichtet ist und nicht auf den Boden (Foto 4).

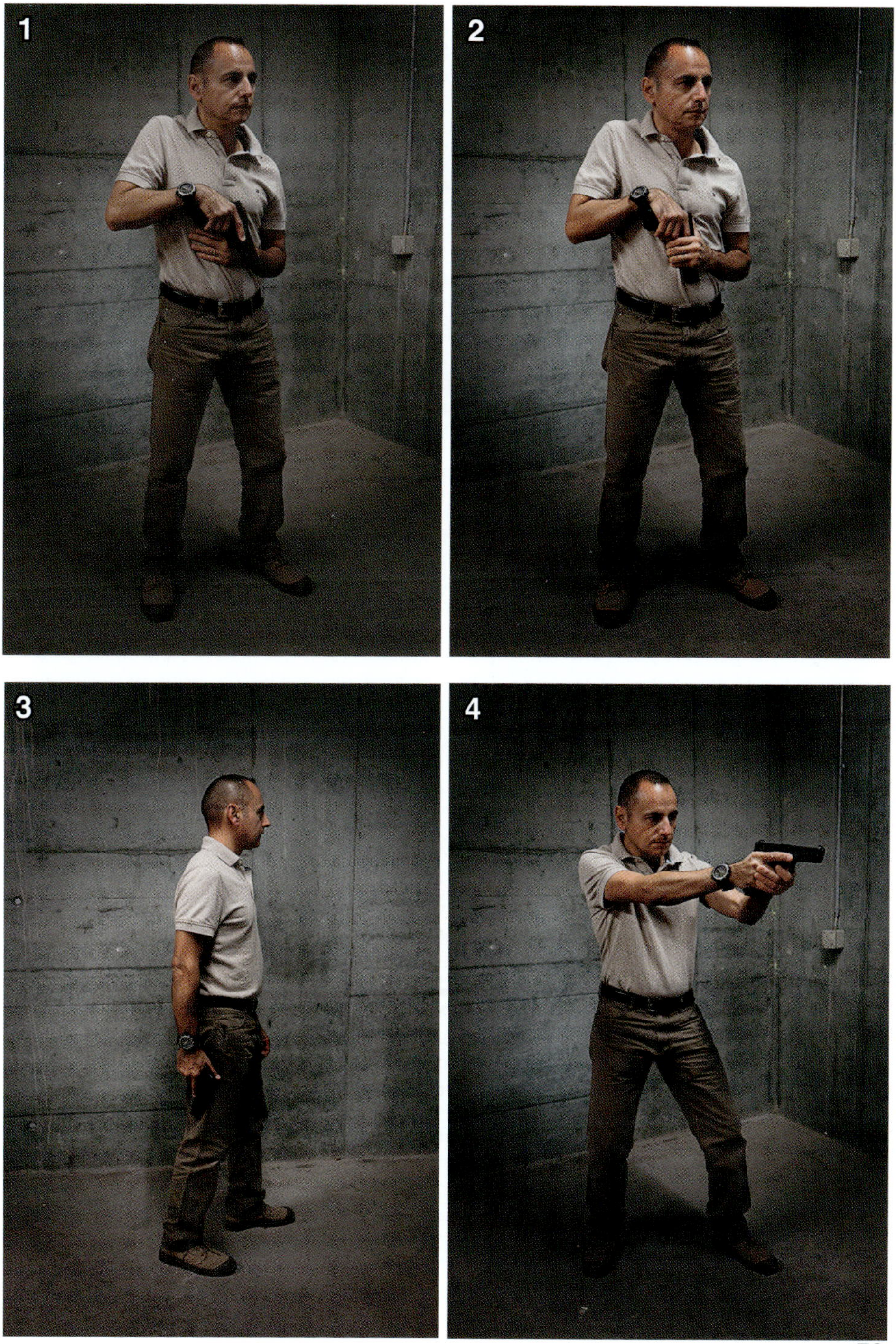
1
2
3
4

- Bei der Position ***Compressed Contact Ready*** ist die Waffe nahe an der Brust zu halten. Sie wird eingesetzt, wenn ein Gegner sich so nah befindet, dass er die Waffe greifen könnte. Wahlweise wird diese Position eingesetzt, um sich dort überall sicher zu bewegen, wo es eng und unübersichtlich ist und jederzeit mit einem potentiellen Angriff gerechnet wird. Ferner ist sie gut einsetzbar, wenn es darum geht, eine gefährliche Situation zu deeskalieren und trotzdem für eine mögliche Schussabgabe bereit zu sein (Foto 5).

- Die Position ***Center Axis Relock*** wird genutzt, um seitlich auszuweichen, wenn die Platzverhältnisse stark limitiert sind (Foto 6).

- Die ***High-Center-Axis Relock***-Position ist eine Technik, die für das Absuchen, das schnelle Vorbeigehen an Öffnungen und zum zweihändigen Schießen aus der Bewegung in der Diagonalen weg vom Ziel geeignet ist (Foto 7). Die Waffe wird dabei auf Gesichtshöhe vor dem jeweils gegenüberliegenden Auge gehalten. Beide Augen sind offen.

- Die ***Close-Contact-Ready***-Position ist für den Extremfall gedacht, sollte man mit der Gegenpartei bereits in physischem Kontakt stehen oder zumindest so nah ist, dass die Waffe ergriffen werden könnte. Die Waffe ist dabei auf den Unterkörper des Gegners ausgerichtet. Bei einem Handgemenge mit anschließender Schussabgabe sollte man sich nämlich nicht selber anschießen (Foto 8).

Langwaffe

Analog zur Kurzwaffe gibt es Bereitschaftspositionen für die Langwaffe. Diese eignen sich für Situationen ohne (Sicht-)Kontakt zum Gegner und für den Fall, dass ein Kontakt hergestellt wurde. Ist die Lage unklar und es gibt noch keine deutlichen Anzeichen eines Gegners, sind *SUL Ready* und *Covert Ready* die Positionen, die sich am besten eignen, um Klarheit zu schaffen.

- Auch hier ist die ***SUL-Ready***-Position die erste Wahl, wenn es um Verteidigung der Waffe, Einsatzbereitschaft und schnellen unverzüglichen Einsatz geht (Foto 9).

- Bei der ***Covert-Ready***-Position steht das Verdecken der Waffe im Vordergrund. Auch hier kann notfalls die Waffe sehr schnell in Anschlag gebracht werden wie z. B. *Underarm Assault* (Foto 10).

- Die Position ***High Ready*** ist in einem eingeschränkten Bewegungsbereich wie in einem Haus weniger geeignet, außer im Bereich einer Treppe. Abgesehen davon, dass die Position einen längeren und somit unsichereren Weg bis zur Schießposition beansprucht, ist die Waffe bei einem körperlichen Kontakt mit dem Gegner bzw. bei einer Ergreifung der Waffe schwerer zu verteidigen als bei der SUL-Position. Bei dieser wäre im Gegensatz eine Schussabgabe im unteren Körperbereich des Gegners noch möglich. Zwar kann man mit der Langwaffe gut offensiv wirken (Lauf oder Schulterstütze), die Waffe versperrt jedoch das Sichtfeld und erschwert das Erkennen von Gefahren (Foto 11).
Contact-Positionen wie *Contact Ready, Underam Assault* sowie *High Tuck* und *Overshoulder Contact* (für Situationen mit engen Platzverhältnissen) sind gewiss die beste Lösung. Der Verwendungsbereich der *Contact Ready*-Positionen mit der Langwaffe bedingt genügend räumliche Distanz zur Gefahrenstelle bzw. zum Gegner. Insgesamt sind die Positionen analog zu der Kurzwaffe.
Das Gewehr wird so an der Schulter gehalten, dass sich der Kopf frei bewegen kann und die Augen über die Visierlinie schauen können (Foto 12). Die *Underam-Assault*-Position erlaubt es,

5

6

7

8

9

10

11

12

13

die Waffe näher am Körper zu halten und ermöglicht eine große Bewegungsfreiheit. Gleichzeitig wirkt sie weniger aggressiv als eine Schulterposition (Foto 13).
Beim *High Tuck* wird die Waffe zusätzlich unter der Achsel gehalten, so dass sie bei einer Ergreifung besser zu kontrollieren ist (Foto 14). In beengten Räumen, wie beispielsweise in einem sehr schmalen Korridor mit Abbiegungen, ist es empfehlenswert, die Waffe in der *Overshoulder Contact* zu halten. Die Waffe kann somit bei Gefahr beliebig in die Höhe über die Schulter zurückgezogen werden. Dank entsprechender Winkelhaltung lässt sich diese trotzdem auf einen möglichen Gegner abfeuern (siehe auch Kapitel 11). (Foto 15/15a/15b). Alle aufgezeigten Techniken haben ihre bestimmten Verwendungsbereiche und negative sowie positive Seiten. Diese zu kennen ist maßgebend, um sie korrekt, zum richtigen Zeitpunkt und in der richtigen Situation einsetzen zu können.

Die Nutzung des Trageriemens

Ein Trageriemen ist, wie das Wort schon sagt, hauptsächlich für das Tragen der Waffe bestimmt. Er erleichtert das Mitführen der Waffe, besonders wenn man längere Zeit damit unterwegs ist. Der Trageriemen sichert die Waffe am Schützen, sollte sie ihm in Aktion aus den Händen fallen. Ferner ermöglicht er die Nutzung beider Hände für andere Tätigkeiten. Trotzdem wäre die Waffe jederzeit griffbereit. Der Tragriemen kann auch benutzt werden, um die Waffe in der Schießposition besser zu stabilisieren. Eine Nutzung im Nahdistanzbereich ist jedoch umstritten. Auch wenn es heutzutage Tragriemen mit *Fast-Release*-System gibt, könnte es schwierig werden, wenn die Waffe von der Gegenseite ergriffen wird. Dies ist besonders problematisch, wenn der Angreifer noch körperlich überlegen ist (Foto 16).

16

Lassen die Platzverhältnisse es nicht zu, dass die Waffe horizontal Richtung mögliche Gefahr gehalten werden kann, bietet die Position *Overshoulder Contact* die besseren Verteidigungsaussichten als *High Ready*. Sie erlaubt weiterhin eine Schussabgabe, wenn auch nur im unteren Bereich des Gegners (Beine).

Schießpositionen

Wie schon mehrmals wiederholt, wird die Schießposition in einer Auseinandersetzung in erster Linie von der eigenen Position, der Distanz zum Gegner sowie der Dringlichkeit der Schussauslösung diktiert. In einem beengten Umfeld, wie es im Inneren eines Hauses normalerweise herrscht, wird bei einer Konfrontation das Einnehmen der klassischen Schieß-(Stand)-Position mit großer Wahrscheinlichkeit nicht möglich sein. Dieser Umstand ruft auch andere, unkonventionelle Schießpositionen auf den Plan, die unbedingt in das eigene Training einfließen sollten. In einem häuslichen Kontext sind die Schießpositionen stehend, kniend, Squat, liegend seitlich oder auf dem Rücken sowie modifiziertes Liegen am wahrscheinlichsten zu gebrauchen.

- **Stehend:** Ob statisch, aus der Bewegung oder hinter einer Deckung: Stehend ist die Position, welche bei einer Schussabgabe am häufigsten eingenommen wird. Sie ist schnell durchzuführen und garantiert ein hohes Maß an Mobilität (Foto 17/18).
- **Kniend:** Vorwiegend sinnvoll für die Nutzung einer niedrigen Deckung und um den Schusswinkel so zu ändern, dass keine Drittpersonen hinter dem Ziel getroffen werden (Foto 19/20).
- **Squat:** Sinnvoll überall dort, wo aus Platzgründen ein laterales Ausweichen nicht möglich ist, um trotzdem in der Vertikalen aus der Schusslinie des Gegners zu gehen (Foto 21/22).
- **Liegend seitlich** und auf dem **Rücken:** Insbesondere zu gebrauchen nach einem Fall aufgrund Einwirkung Dritter oder weil man in Aktion gestolpert ist (Foto 23 bis 27).
- **Modifiziertes Liegen**: Für das Absuchen (beispielsweise unter einem Bett) und eine bodennahe Schussabgabe ohne den Nachteil, eine bewegungseinschränkende Position, wie z. B. die Liegende, einnehmen zu müssen (Foto 28/29).

17

18

19

20

21

22

23

24

25

26

27

Ist man nach einem Zusammenstoß mit der Gegenseite oder aus einem sonstigem Grund (gestolpert) auf dem Boden gelandet, sollte man sobald wie möglich wieder aufstehen. Hier die Vorgehensweise ohne Nutzung der Hände.

Sollte der Gegner noch sehr nah sein und weiterhin eine Bedrohung darstellen, kann mit einem für die Abwehr hochgehaltenen Fuß trotzdem aufgestanden werden.

Kapitel 08

GRUNDSÄTZE DES FEUERKAMPFES

Wie in meinem Buch „Die Pistole im Feuerkampf" bereits ausführlich erklärt wurde, ist es nicht nur erforderlich die Waffe bezüglich Handhabung und Schießtechnik zu beherrschen sowie über Kenntnisse von taktischem Vorgehen zu verfügen. Wichtig ist, sich über die Faktoren, die in einer solchen Situation relevant sind, bewusst zu sein, um eine gewaltsame Auseinandersetzung unbeschadet zu überstehen. Zusätzlich diese am besten für sich entscheiden zu können. Diese Faktoren sind der Taktik und der Technik übergeordnet. Sie bestimmen nicht, wie eine Tätigkeit ausgeführt werden sollte, sondern stellen allgemeingültige Richtlinien dar, welche beschreiben, was in einer gewissen Situation zu berücksichtigen und was besser zu unterlassen ist.

Als primärer Leitgedanke steht die Empfehlung, *mit dem eigenen Instinkt zu arbeiten und nicht dagegen*. Unser Instinkt zur Selbsterhaltung ist ein tausende Jahre alter Mechanismus, der sich bei einer akuten Gefahr unbewusst in Gang setzt. Das sogenannte Kampf-oder-Flucht-Anpassungssyndrom ist die natürliche Folge davon. Stehen zu bleiben um jemanden möglichst präzise zu treffen der uns mit einem Messer angreift obwohl unser Instinkt uns dringend aus der Achse des Angreifers bewegen will, ist nur ein Beispiel, wie gewisse Techniken oft unser natürliches Verhalten bei Gefahren negativ beeinflussen können. Schließlich ist Schießen und Treffen aus der Bewegung durchaus möglich, wenn es entsprechend trainiert wird.

Als nächstes geht es konsequenterweise darum, sich bewusst zu sein, dass *nicht getroffen zu werden wichtiger ist, als unbedingt den Gegner treffen zu wollen.* In einer Konfrontation geht es in erster Linie darum, möglichst unversehrt zu bleiben und die Situation für sich zu entscheiden. Das jedoch nicht um jeden Preis. Bewegung spielt in diesem Zusammenhang eine wichtige Rolle. Sie erlaubt es sich aus der Gefahrenzone zu entfernen und gleichzeitig ein schwer zu treffendes statisches Ziel darzustellen. Die Bewegung sollte so ausgerichtet sein, dass sie normal ausfällt - keine „Spezialschritte" - und die Angriffsachse des Gegners meidet. (Foto 1).

Distanzen verstehen und für sich nutzbar machen spielt eine wichtige Rolle in einer Auseinandersetzung, besonders wenn diese im Nahbereich stattfindet. Im Nahbereich hat man bei einem überraschenden gewaltsamen Angriff oft wenig Zeit zu reagieren. Ob man Distanz zum Gegner schaffen muss und wann man diese am besten verkürzen sollte, ist jedoch situationsbedingt. Deshalb sollte man die eigenen Handlungen nicht nur darauf ausrichten Distanz zu schaffen, sondern wenn nötig und wenn es von Nutzen sein kann, auch zu verkürzen, insbesondere um etwa zu verhindern, dass der Gegner zuschlägt.

Sieh, was du sehen musst ist ebenfalls ein Grundsatz, welcher unbedingt beachtet werden sollte. Bei einer gewalttätigen Auseinandersetzung auf Nahdistanz, wie es in

1

Bewegung ermöglicht, sich aus der Gefahrenzone zu entfernen. Dleichzeitig stellt diese sicher, dass man kein leicht zu treffendes statisches Ziel darstellt. Auch wenn die Nutzung der Waffe auf solch kurze Distanzen unproblematisch ist, sollte trotzdem entsprechend trainiert werden. Beim Schießen aus der Bewegung ist zu beachten, nicht schneller zu gehen, als man schießen und auch treffen kann.

einem Home Defense-Szenario am wahrscheinlichsten ist, wird der Fokus unweigerlich auf den Einbrecher gerichtet sein. Diese Tatsache macht eine Nutzung der Visiereinrichtung an der Waffe schwierig und beinahe unmöglich. Diese kann je nach Waffenhaltung nämlich kaum wahrgenommen werden. Ob gezielt oder „angedeutet", die Situation bestimmt, wie die Schussabgabe erfolgt. Ausschlaggebend sind die eigene Position und Distanz zum Gegner, die Größe des Zieles, die Dringlichkeit, den Schuss auszulösen, sowie die Umgebung der gegenwärtigen Gefahrensituation.

Merke: *Auf den Kampf und nicht auf die Waffe fokussiert sein.* Die Waffe ist nur ein zur Verfügung stehendes Mittel, um eine gewaltsame Konfrontation zu eigenen Gunsten zu beenden. Die Situation sollte die erste Reaktion bestimmen, nicht ein Mittel oder eine Technik. Das bedeutet vorbereitet zu sein auch Füße, Hände oder andere zur Verfügung stehenden Werkzeuge sowie improvisierte oder die Waffe selbst zu verwenden. Sollte die Waffe nicht genutzt werden können, nicht mehr funktionieren oder ausgeschossen sein, muss man mit dieser auch als „Nahverteidigungsmittel" arbeiten können (Foto 2/3).

Schieße einhändig, wechsle die Schießhand oder entscheide dich für ein anderes Waffensystem wenn du es möchtest und nicht nur wenn

Distanz = Zeit. Grundsätzlich gilt: Je mehr Distanz man zum Gegner hat, desto mehr Zeit bleibt, um zu reagieren. Es gibt jedoch Situationen, in denen die Distanz zu verkürzen taktisch gesehen sinnvoller sein kann, als Distanz zu schaffen. Beispielsweise um den Gegner daran zu hindern zuzuschlagen, sollte dieser bereits zu nah gekommen sein.

Ob eine Schussabgabe gezielt oder gedeutet erfolgt, hängt von der eigenen Position und Distanz zum Gegner, der Größe des Zieles, sowie der Dringlichkeit, den Schuss auszulösen, ab.

2

Auf den Kampf und nicht auf die Waffe fokussiert sein: Um eine Auseinandersetzung für sich zu entscheiden sind Flexibilität und die Fähigkeit auch andere Mittel einzusetzen von entscheidender Bedeutung.

du es musst. Sei es weil man etwas tragen muss, jemanden zur Seite stößt, einen Schlag abwehrt, eine Tür öffnet, eine Taschenlampe in der Hand hält, oder einfach die Distanz zum Gegner oder die Dringlichkeit die Waffe zu gebrauchen: Es handelt sich um Umstände, welche bestimmen können, dass die Waffe nur mit einer Hand bedient werden muss. Entsprechend ist es von Vorteil, dies vorher geübt zu haben, um auch weiterhin eine gewisse Treffsicherheit zu besitzen. Ferner erlaubt das einhändige Schießen eine dynamischere Gangart, wenn es darum geht, seitlich in Richtung nicht schießender Seite, als wenn beide Hände an der Waffe wären. Außerdem ermöglicht das einhändige Schießen eine dynamischere Gangart, wenn man sich seitlich in Richtung der nichtschießenden Seite bewegen muss. Ebenfalls sollte man den Vorteil berücksichtigen, den der Handwechsel bei der Ausnutzung einer Deckung bietet (Bildstrecke A).

Das Verkanten der Waffe beim einhändigen Schießen im Nahbereich führt zu einem natürlicheren und stabileren Griff an der Waffe.

Schieße einhändig, wechsle die Schießhand oder entscheide dich für ein anderes Waffensystem, wenn du es möchtest und nicht nur, wenn du es musst. Handwechsel aus einhändiger Schießhaltung.

Schießen bis der Angriff gestoppt wurde. In einer bewaffneten Auseinandersetzung ist es einfach nicht möglich, im Voraus zu wissen, wie viele Schüsse man abgeben muss, um einen möglichen Angreifer zu stoppen. Die Wirkung eines Geschosses hängt von verschiedenen Faktoren wie Trefferlage, Ausdehnung des Wundkanals und Ausmaß der Verletzung ab. Jemanden wirkungsvoll zu treffen, der gleichzeitig versucht einen anzugreifen, ist alles andere als einfach. Deshalb ist es vorteilhaft, Mehrfachtreffer zu erzielen. Bei mehreren Kontrahenten gleichzeitig, die alle die Möglichkeit haben einen zu verletzen, wird zu Beginn jeweils nur ein Schuss pro Gegner abgegeben. Gestartet wird mit dem Gegner, der am nächsten ist bzw. mit welchem man zuerst einen Blickkontakt hergestellt hat, dies unabhängig von der Art der Bewaffnung. In einer solchen Situation ist es besonders von Nutzen, nicht statisch zu bleiben und so schnell wie möglich eine Deckung aufzusuchen.

Tu das, was dein Gegner nicht von dir erwartet. Ob durch Täuschung, List oder Überraschung: Wo immer es möglich ist, sollte man versuchen den Gegner so zu überlisten, dass er sich in einer benachteiligten Lage wiederfindet. Dabei gilt es vorsichtshalber nicht zweimal hintereinander das gleiche zu versuchen und möglichst vorhersehbare Handlungen zu unterlassen.

Check your SIX and yourself – Prüfe, was hinter dir ist und dich selber. Nach dem Einsatz der Waffe, wenn der Kontrahent kampfunfähig am Boden liegt, ist stets ein Rundum-Check *(Scanning)* der Umgebung vorzunehmen. Dies hilft in der Realität, dass man die Umwelt nicht vergisst und Überraschungen seitens möglicher Komplizen eines soeben bezwungenen Einbrechers vorbeugt. Ferner ist es nützlich, damit man sich aus der Situation löst und nicht starr in dieser verharrt. Es ist wichtig, sich ganz zu drehen und vorzugsweise in Bewegung zu bleiben. Dies geht nach dem taktischen Grundsatz: Laufrichtung = Blickrichtung. Nur ein Schwenken des Kopfes nach links und rechts erlaubt keine komplette und bewusste Wahrnehmung der Umgebung und ist deshalb nicht ausreichend. Nachdem festgestellt wurde, dass keine anderen Gefahren vorhanden sind, ist zudem ein kurzer persönlicher *Check* durchzuführen, um festzustellen, ob man eventuell bei der Auseinandersetzung selber verletzt wurde (blutet), jedoch durch den Adrenalinschub nichts bemerkt hat (Foto 4).

Kapitel 09

EINSATZ-SZENARIEN BEI EINEM EINBRUCH

Bei einem Einbruch kommen vorwiegend zwei mögliche Grundszenarien vor:

-1.) Einbruch oder Einbruchversuch, wenn die Bewohner außer Haus sind.

- 2.) Einbruch oder Einbruchsversuch (Überfall), wenn die Bewohner zuhause sind.

Entsprechend den genannten Situationen wird die Reaktion jeweils anders ausfallen. Bei einem Einbruch bzw. Einbruchversuch, bei welchem man außer Haus war, wird nach der Rückkehr die erste Reaktion sein, die Polizei zu alarmieren und nichts anzufassen, um eventuelle Spuren, die Aufschluss auf die Täterschaft geben könnten, nicht zu „kontaminieren". Das Gleiche gilt, wenn man von außen (z. B. beim nach Hause kommen) bemerkt, dass jemand gerade dabei ist, in die eigene Unterkunft einzudringen. In diesem Fall wird geraten, nicht aktiv gegen die Einbrecher vorzugehen bzw. sich nicht bemerkbar zu machen. Eine Konfrontation sollte möglichst vermieden werden, denn man weiß nie, mit wem und mit wie vielen Personen man es zu tun hat. Die Polizei zu alarmieren und sich bis zu deren Eintreffen aus sicherer Distanz möglichst viele Details der Einbrecher einzuprägen, welche später zu deren Ergreifung behilflich sein können, stellt in diesem Fall die beste Lösung dar.

Was die Reaktionen auf einen Einbruch, Einbruchversuch oder Überfall, während man anwesend ist, anbelangt, ist die wahrlich beste und sicherste Antwort sich, wenn immer möglich zurückzuziehen und sich auf eine eventuelle Verteidigung vorzubereiten. Dies bedingt, dass die Eindringlinge rechtzeitig bemerkt wurden und man die Zeit hat, sich selber vorzubereiten und andere Familienangehörige zu warnen. Dazu gehört auch, sich in einem sicheren Raum einzuschließen. Bei diesem Vorgang geht es darum, sich in eine defensive Position zu setzen, um von dort aus auf die angeforderte Hilfe (Polizei) zu warten. Gleichzeitig sollte man vorbereitet sein, sich zur Wehr zu setzen bzw. den gefährdeten Angehörigen zu Hilfe zu kommen.
Die zweite Vorgehensweise ist der Transit. Unter Transit versteht man das Durchqueren des Hauses, um von einem Raum zu einem anderen zu gelangen z. B. vom Eltern- zum Kinderzimmer. Dabei wird versucht, möglichst gedeckt, leise und ohne Kontakt mit dem Einbrecher an das Ziel zu kommen. Mögliche Gefahrenstellen wie Ecken und offene Räume sollte man kurz mit der Waffe „abchecken", um von den Tätern nicht überrascht zu werden. Ziel ist es, die Familie zusammenzubringen, um entweder in einem Raum eine Verteidigungsposition zu bilden oder das Haus kontrolliert unter Waffenschutz zu verlassen. Als *Ultima Ratio* gilt der Angriff aus der Verteidigungssituation. Hier geht es darum, nachdem jemand eingebrochen ist oder sich mit einem Vorwand Zutritt zur Unterkunft verschafft hat und eindeutige Hilferufe von Angehörigen wahrgenommen werden, eine ra-

sche und direkte offensive Handlung gegen den Täter zu starten. Ziel ist es, diesen zu neutralisieren oder in die Flucht zu schlagen. Dabei sollte – auch wenn dies in einer höchst emotionalen Situation eher schwer sein kann – nicht kopflos, sondern möglichst nach den taktischen Regeln vorgegangen werden (siehe Folgekapitel). Man sollte sich nämlich nicht selber als Opfer wiederfinden. Schnelligkeit, Überraschung und Entschlossenheit bilden den Schlüssel zum Erfolg.
Weiter existiert die Variante des Absuchens, wenn suspekte jedoch nicht klar definier- und lokalisierbare Geräusche wahrgenommen werden. Hier gilt es, die Geräuschquelle zu lokalisieren und zu identifizieren und das Haus langsam und in Sicherheit (Eigenschutz) Raum für Raum abzusuchen. Es ist nicht das Ziel, sich den möglichen Einbrechern zu stellen, sondern vorsichtig den Verdacht eines Einbruchs zu bestätigen oder auszuschließen. Gibt es einen zwingenden Verdacht, dass jemand Unbefugtes einen Raum gerade nach Wertgegenständen durchsucht, wird dieser nicht betreten. Es ist an der Zeit, sich zurückzuziehen. Welche Antwort auch immer zum Zuge kommt, es gilt vorrangig folgende Prioritäten zu beachten. Der Übergang von einer Antwort zur anderen kann übergreifend und fließend sein:

- Die eigene Unversehrtheit sowie die von Angehörigen, Verwandten und Freunden hat oberste Priorität.

- Immer bedenken, dass materielle Werte ersetzt werden können, das Leben eines Menschen nicht.

- Bevor man etwas unternimmt: Sind die wahrgenommenen Geräusche eindeutig zuzuordnen? Zuerst die Polizei benachrichtigen. Sollte etwas schiefgehen, ist Hilfe bereits unterwegs.

- Sich mental und materiell auf die Situation einstellen und vorbereiten.

- Solange keine akute Gefahr besteht, zurückhaltend agieren. Jedoch jederzeit bereit sein, sich zur Wehr zu setzen und von der Waffe Gebrauch zu machen.

- Ist man alleine zuhause: Sich bemerkbar machen. Sofort überall das Licht einschalten. Sich in einem Zimmer einschließen. Hilfe rufen und die Einbrecher warnen und somit zur Flucht bewegen.

Um behördliche Hilfe zu rufen, ist wie folgt vorzugehen:

- **Wer?** (Vorname, Nachname)

- **Wo?** (genaue Ortsangabe)

- **Was?** (Kurze Beschreibung, was geschehen ist)

- **Wie viele?** (Anzahl der Einbrecher, involvierte Personen, eigene Familienangehörige, Verletzte usw.)

- **Besonderes** (Zusatzinformationen, wie man den Ort findet oder ob die Täter bewaffnet sind).

Kapitel 10

TAKTISCHE VERHALTENSREGELN

Generell ist die jeweilige Situation bestimmend, ob und wie vorgegangen werden sollte und nichts anderes. Bekanntlich definiert die Taktik die Vorgehensweise zum Erreichen eines Zieles. Sollte es die Situation verlangen, dass man bei einem Einbruchszenario aktiv handeln muss, ist die Berücksichtigung bestimmter Verhaltensregeln entscheidend, besonders wenn es darum geht, die Überlegenheit der eigenen Kräfte zu schaffen. Diese Regeln stellen unter anderem sicher, dass der Eigenschutz gewährleistet ist, das Risiko niedrig gehalten wird und man möglichst wenig dem Zufall überlässt. Man sollte von der Gegenseite nicht überrascht werden.
Das Absuchen oder das Bewegen in einem Haus nach einem Einbruch ist eine sehr riskante Angelegenheit. Zu wissen, was man mit der eigenen Aktion erreichen will, sollte stets oben auf der Liste stehen und nicht aus den Augen verloren werden.

- Handle und bewege dich stets überlegt. Mache nichts ohne Grund und verrichte das, was du tun musst, bestimmt, kontrolliert und gewissenhaft. Halte das Ziel stets vor Augen (Foto 1).

- Der Rücken ist nach Möglichkeit immer gedeckt zu halten. Dies bedingt, dass entweder alle Räume, die sich hinter einem befinden, systematisch oder je nach Dringlichkeit kurz visuell abgesucht wurden. Ansonsten sollte man sich so positionieren, dass man eine Wand im Rücken hat

Unten, rechts: Sind eindeutige verdächtige Geräusche wahrgenommen worden, ist beim Ermitteln der Quelle die „Blickrichtung = Laufrichtung"-Methode unerlässlich, um allzeit und ohne Verzögerung einer plötzlich auftretender Gefahr entgegenzuwirken.

oder – wenn man mit Drittpersonen unterwegs ist – sicherstellen, dass diese als Rückendeckung fungieren können.

- Blickrichtung = Laufrichtung. Insbesondere auf Kurzdistanzen, wie sie üblicherweise in einem Haus herrschen, sollte die Richtung, die man visuell absucht, die gleiche sein, wie die Ausrichtung der Waffe. Dies ermöglicht es, ohne Zeitverlust einer Gefahr entgegenzuwirken.

- Sei wachsam! Suche nach Zielindikatoren und produziere gleichzeitig keine eigenen. Zielindikatoren sind maßgebend, um jemanden zu finden, der widerrechtlich in ein Haus eingedrungen ist und sich evtl. versteckt hält. Diese können optischer und/ oder akustischer Art sein. Dazu zählen Bewegungen, Umrisse, Schatten und Geräusche. Zudem können eine offene Tür, die vorher geschlossen war, oder Fußspuren auf dem Teppichboden Aufschluss geben, dass etwas nicht stimmt. Auch Geruch kann ein guter Indikator sein. Kalter Rauchgeschmack, Schweiß oder penetrantes Parfum können die Gegenseite verraten. Derweil gilt es selber keine Zielindikatoren zu produzieren, um nicht den Überraschungseffekt zu verlieren und einer überraschenden, gewalttätigen Attacke zum Opfer zu fallen (Foto 2 bis 5).

- Konsequente Ausnutzung von Deckungen. Bewegt man sich dort, wo ungewiss ist, ob ein Fremder anwesend sein könnte, sollten die Bewegungen kurz, bedacht und entschlossen sein.

Beim Suchen nach sogenannten Zielindikatoren gilt es stets Dreidimensional zu beobachten, um aufschlussreiche Details nicht zu übersehen.

Selber sollte man auch keine Zielindikatoren produzieren.

Unten: Bei der korrekten Ausnutzung einer Deckung ist zu beachten, dass stets um und nicht über diese geschossen wird. Zudem sind die Beine hinter der Deckung zu halten und nur den Oberkörper – soweit nötig, um die eigene Waffe zu benutzen, aus der Deckung zu exponieren. Dabei mindestens eine Armlänge Distanz zur Deckung halten, um einen besseren Überblick des Gefahrenabschnitts/Schussfelds zu haben und dabei nicht gleichzeitig von möglichen Querschlägern getroffen zu werden.

Schießt man seitlich an einer Deckung vorbei, die der schießenden Hand zugewandt ist, stellt das Verkannten der Waffe die beste Lösung dar. Somit kann mit der gewohnten Hand geschossen werden, ohne sich übermäßig aus der Deckung exponieren zu müssen. Ein Handwechsel ist nur dann sinnvoll, wenn man das Schießen mit der nicht dominanten Hand geübt hat und treffsicher ist.

Die Nutzung von Deckungen wird konsequent in Betracht gezogen, um bei einer plötzlich auftretenden Gefahr nicht exponiert oder eine leicht zu treffende Zielscheibe zu sein. Zudem sind die richtige Wahl und die korrekte Ausnutzung einer Deckung von vitaler Bedeutung (Foto 6).
Eine Art von Deckung bieten der sogenannte Feuerschutz oder eben Deckungsfeuer. Hierbei wird die Position, in der sich der Gegner befindet oder vermutet wird, kurz beschossen, um ihn in Deckung zu halten. Hierbei kommt es weniger darauf an, diesen direkt zu treffen. Eher besteht dadurch die Möglichkeit zu manövrieren, sich z. B. in einen anderen Raum bewegen oder eine Person aus einer Gefahrenzone bergen zu können.

- Distanzen kontrollieren. Bei Gefahrenstellen wie Ecken, Türen und Fenstern ist besondere Vorsicht geboten, sei es beim Annähern oder Vorbeigehen. Dabei ist zu beachten, dass die Distanz groß und die eigene Exposition an solchen Stellen kurz gehalten wird. Ferner sollte man beim Absuchen des Hauses eine entsprechende Distanz zu Wänden und Möbeln halten, um nicht ungewollt verräterischen Lärm zu verursachen. Ein solches Verhalten schützt zudem vor der Gefahr, von Querschlägern oder herumfliegenden kinetischen Bruchstücken getroffen zu werden (Foto 7/8).

- Systematisch Absuchen. Beim Absuchen des Hauses oder der Wohnung ist systematisch vorzugehen, um nicht etwas zu übersehen, das die eigene Sicherheit gefährden könnte. Zudem ist niemals davon auszugehen, dass sich niemand in einem Zimmer oder Raum befindet. Man sollte sich vorher vergewissert haben, dass es auch wirklich so ist. Wie gründlich das Absuchen von Räumen erfolgt, ist wiederum bedingt durch die Situation, mit der man konfrontiert wird. Sind Schreie aus einem Kinderzimmer zu hören, wird es zur Priorität, so schnell wie möglich zu diesem Zimmer zu kommen, ohne großes oder genaueres Absuchen jedes einzelnen Zimmers auf dem Weg dahin.

- Wichtig: *„Dem Gegner goldene Brücken bauen."* Diese Redewendung bringt es auf den Punkt. Sollten die Einbrecher nach ihrer Entdeckung flüchten wollen oder sich die Situation verfahren haben, weil z. B. ein Familienmitglied als Geisel genommen wurde (siehe Kapitel „Situation mit Geiselnahme"), ist es vernünftig, sich den Einbrechern nicht in den Weg zu stellen. Darüber hinaus sollte man einen „Ausweg" aufzuzeigen und möglicherweise sogar Zugeständnisse machen, jedoch ohne die eigene Position zu schwächen.
Als oberstes Ziel gilt es, den Einbruch möglichst unbeschadet zu überstehen bzw. die eigene Unversehrtheit und die von Familienangehörigen sicherzustellen. Die Festnahme des Einbrechers ist Aufgabe der Polizeibehörden.

- Den Vorteil sichern. Hat man die Oberhand gewonnen und wird

7

8

der Einbrecher in Schach gehalten oder ist er überwältigt, ist es an der Zeit, den eigenen Vorteil zu sichern, besonders damit bis zum Eintreffen der Polizei keine Überraschungen auftreten. Dies kann geschehen, indem man den Täter mit einem *Armbar* auf den Boden drückt. Als Alternative kan man ihn durch die Anwendung einer im Militär- und Polizeibereich bekannten Taktik mit den Kürzel DHDÜ – **D**istanz, **H**indernis, **D**eckung, **Ü**berraschung – mit der Waffe in Schach halten.
Die Anwendung dieser Taktik beinhaltet, vorerst etwas Distanz zur Gefahr zu schaffen, um mehr Zeit zu gewinnen, sollte der Täter plötzlich nicht mehr kooperativ sein. Mit Hindernis ist etwas gemeint, dass dem Gegenüber keine direkte Angriffsachse erlaubt. Das kann ein Tisch oder sonstiges Möbelstück sein. Die Deckung beinhaltet eine Position, in der man den Einbrecher geschützt vor der Einwirkung von Schüssen oder anderen Gegenständen (Messer) in Schach halten kann. Hindernis und Deckung können – insofern die Schutzvorgaben erfüllt werden – auch dasselbe Objekt sein. Was die Überraschung angeht, ist eine Position zu wählen, bei der sich der Einbrecher so hinstellen muss, dass er eine mögliche Unaufmerksamkeit während des Wartens auf das Eintreffen der Polizei nicht für sich nutzen kann. Das kann kniend in Richtung einer Wand sein (Bildstrecke A).

- Situation mit einer Geiselnahme. Bei einer extrem gefährlichen Lage wie einer Geiselnahme stehen primär Fingerspitzengefühl, gesunder Menschenverstand und Zurückhaltung oben auf der Liste. Wird während des Absuchens des Hauses von einem Täter ein Familienangehöriger als Geisel genommen, um möglicherweise etwas zu erzwingen (Geld, Flucht, Passwörter, Codes), ist es ratsam nichts hastig zu unternehmen. Vorerst sollte man sich aber auch nicht unter Druck setzen lassen. Solange man sich in einer gleich starken Position befindet, wie mit der Waffe in der Hand, ist der Verhandlungsspielraum gewährleistet und auch die Gegenpartei wird für eine möglichst unblutige Lösung Zugeständnisse machen müssen. Täter stehen oftmals unter Zeitdruck.
Garantien von Tätern, die in ein Haus eingebrochen sind – z. B. die Zusage Angehörigen später draußen frei zu lassen – sind inakzeptabel. Es gilt möglichst eine Lösung durch ein *Quid pro quo* zu erreichen. Ebenfalls nicht annehmbar ist die Forderung, die eigene Waffe fallen zu lassen. Ohne diese wird es vermutlich auch keinen Verhandlungsspielraum mehr geben. Sinnvoll ist dagegen die eigene Position zu sichern, am besten hinter einer Deckung. Provokationen sollten dabei vermieden werden. Gleichzeitig sollte die Kommunikation mit der Gegenseite aufgenommen werden, um eine Lösung zu finden. Diese sollte die Freilassung und das Wohl der festgehaltenen Person berücksichtigen sowie die Möglichkeit für den Täter, unversehrt das Weite zu suchen. Viele Geiselnahmen geschehen nämlich aus der Situation heraus und sind vorher nicht geplant.

Um das zu erreichen, muss zu erst ein Vertrauensverhältnis zur Täterseite hergestellt werden. Dies geschieht mit einer bestimmten jedoch nicht aggressiven Haltung, durch gezieltes Fragen über die Beweggründe, Absichten, Erwartungen und aktives Zuhören. Danach erfolgt das Aufzeigen von Lösungen, die Zusammenfassung von Besprochenem und Vereinbartem sowie das Zeigen des guten Willens, z. B. den Weg zum Ausgang frei zu machen. Trotz allem gilt es, sich mental vorzubereiten, um im Notfall von der Schusswaffe Gebrauch zu machen.

Bei einer Eskalation kann es hilfreich sein, als Standardverhalten mit den Angehörigen vorher die Möglichkeit einer solchen Situation zu besprechen und ein Schlüsselwort zu definieren, welches als Signal dient, dass man die Waffe einsetzen will. Damit kann man den Angehörigen Zeit geben, sich fallen zu lassen oder sich sonst vom Täter abzuwenden, um möglichst aus der Schusslinie zu geraten. Man sollte sich jedoch bewusst sein, dass eine Schussabgabe in einer solchen Situation mit enormen Risiken verbunden ist. Deshalb sollte der Einsatz der Waffe wirklich als allerletztes Mittel in Betracht gezogen werden. Sollte die Situation derart eskalieren, dass man davon ausgehen kann, dass dem festgehaltenen Angehörigen unmittelbar etwas angetan werden könnte, wäre das eine Lösungsmöglichkeit.

Ist der Einbrecher gestellt, sind eine klare Körpersprache (Waffe in Kontaktstellung), Befehlston und direkter Augenkontakt wichtig, um sich durchsetzen zu können. Der vorläufig Festgehalte tut, was man ihm sagt und nicht umgekehrt. Nach einer Warnung muss eine Handlung folgen, um glaubwürdig zu bleiben – z. B. Warnschuss in eine Außenwand oder sonstige „sichere“ Stelle oder gar Beinschuss, falls er sich bedrohlich nähert und Halt-Rufe ignoriert.

DHDU bedeutet Distanz, Hindernis, Deckung, Überraschung und ist eine hervorragende Taktik, die im Militär- und Polizeibereich benutzt wird, um jemanden zu kontrollieren und in Schach zu halten.

Bei einer Geiselnahme stehen primär Fingerspitzengefühl, gesunder Menschenverstand und Zurückhaltung zuoberst auf der Liste. Eine hastige unüberlegte Reaktion könnte zu einer Tragödie führen.

Kapitel 11

ABSUCHTECHNIKEN IN GESCHLOSSEN RÄUMEN

Nach den taktischen Verhaltensregeln widmen wir uns nun den einzelnen Techniken, die es ermöglichen, das Haus behutsam und in Sicherheit abzusuchen. Ist man durch die Umstände gezwungen, sich dem Einbrecher zu stellen, oder will man sich vergewissern, dass die verdächtigen Geräusche nicht von jemandem stammen, der sich „einschleicht", sind folgende Vorgehensweisen hilfreich, um erfolgreich zu sein. Dabei sollte man nie die Oberhand verlieren. Sobald die Entscheidung gefallen ist, sich auf ein solch riskantes Unternehmen einzulassen, gilt es, entschlossen, dynamisch und mit einer gesunden Portion Angriffslust vorzugehen. Unsicherheit ist ein schlechter Ratgeber und kann zu Fehlern verleiten oder einen zögern lassen. Das könnte die Gegenseite für sich nutzen. Entgegen Militär- und Polizeitechniken, bei denen im Team gearbeitet wird und mehrere Gefahrenstellen in einem Haus gleichzeitig abgedeckt und gesichert werden können, bedingt die alleinige Vorgehensweise eine deutlich höhere Aufmerksamkeit. Dazu kommt ein stets bedachtes Handeln sowie eine gute Portion Glück.

Gefahrenstellen im Haus

Es gibt Stellen in einen Gebäude, welche eine natürliche Gefahr darstellen – sogenannte „Fatal Funnel" (tödliche Trichter). Diese sind unbedingt zu berücksichtigen, wenn man sich durch sie hindurchbewegt.
Türen und Fenster: Allen Öffnungen, die eine Sicht in einen anderen Raum erlauben, soll mit besonderer Vorsicht begegnet werden, da diese oftmals eine *passage obliges* darstellen. Man muss hindurch- oder vorbeigehen, obwohl sie sich für ein Abfangen und Hinterhalt täterseits bestens eignen. Auch wenn eine Öffnung nach außen führt, wie Fenster und Gartentüre mit Sichtglasstelle, besteht immer die Möglichkeit, dass Komplizen des Einbrechers von außen eingreifen könnten. Es ist nicht unüblich, dass weitere Täter draußen Wache schieben.
Bei Treppen und Korridoren gibt es je nach Bauweise oft keinen Ausweg, außer am Anfang und am Ende. Dies macht ein Ausweichen bei einem Angriff schwierig. Deshalb sollte man solche Stellen möglichst rasch und umsichtig passieren. Schränke, Besenkammern und sonstige Verstecke sollten wie eine Öffnung zu einem Raum betrachtet und mit entsprechender Vorsicht erkundet werden. Dachböden, die ein vertikales Auftauchen verlangen, sind strikt zu meiden. Einerseits ist ein Einbrecher, der sich dort befindet, in seiner Bewegungsfreiheit stark eingeschränkt, andererseits ist ein Angriff von dort schwer zu starten. Hier gilt es die Stellung zu halten und auf die Polizei warten.

Öffnen einer Tür: Bevor eine Tür geöffnet wird, gilt es zu überprüfen, in welche Richtung sich diese öffnen lässt und ob sie abgeschlossen ist. Eigentlich sollte jedem bekannt sein, in welche Richtung sich die Zimmertüren bei sich zuhause öffnen. In der Aufregung könnte es jedoch vorkommen, dass einem dies plötzlich nicht mehr so klar ist oder noch nie bewusst wahrgenommen wurde. Normalerweise gehen Zimmertüren in Richtung des Zimmerinneren auf. Ist man sich nicht mehr sicher, kann dies leicht ermittelt werden, indem kurz geschaut wird, ob die Scharniere zu sehen sind oder nicht. Eine Tür lässt sich üblicherweise in die Richtung öffnen, in welcher die Scharniere zu sehen sind. Ebenfalls gilt es, sich vor der Gewaltanwendung zu vergewissern, ob die Tür abgeschlossen ist oder nicht. Im Grunde genommen logisch, aber vielleicht nicht immer präsent.
Beim Öffnungsvorgang sollte man sich jeweils seitlich der Türklinke positionieren und nicht direkt davor aufhalten. Die Türklinke wird fest und sicher gegriffen und langsam und bewusst

Treppen sind besonders vorsichtig zu betreten, da bei einem Angriff ein Ausweichen nicht möglich ist.

Ecken stellen ebenfalls eine Gefahr dar, weil ein möglicher Einbrecher dahinter unerkannt lauern könnte.

Niemals vor einer Türe stehen bleiben und immer daran denken, dass diese in die Richtung aufgeht, in welche die Scharniere zu sehen sind.

nach unten gedrückt (Foto 1). Ist die Tür offen, wird sie mit einem bestimmten, nicht allzu starken Stoß geöffnet. Dies so, dass die Tür die Wand berührt, jedoch nicht zurückprallt und sich wieder schließt. Mit diesem Vorgehen wird sichergestellt, dass die Türe geöffnet bleibt und gleichzeitig, dass sich niemand hinter dieser aufhält. Beim kompletten Vorgang wird die Waffe in Richtung der Türöffnung gehalten. Sobald die Tür aufgestoßen wurde, wird sofort Distanz geschaffen. Dadurch wird verhindert, dass man sich mit der Person *Face to Face* wiederfindet und man keine Möglichkeit hat, zu reagieren (Foto 2/3).

Sollte es nötig sein, die Tür mit Gewalt zu öffnen, geschieht dies am besten, indem man die Tür mit einem kräftigen Tritt aufbricht. Zimmertüren sind im Gegensatz zu Eingangstüren oder sonstigen Türen, die nach außen führen (z. B. Balkontüren), weniger verstärkt und verfügen über ein normales Schloss. Das kann mit ein wenig Kraftaufwand aufgebrochen werden. Bei diesem Vorgang sollte man nicht vor der Türe stehen, um diese frontal aufzustoßen oder aufzutreten. Durch den Schwung und die eingesetzte Kraft besteht die Gefahr, unkontrolliert in den Raum zu fallen bzw. ihn zu betreten. Die beste Position eine Tür aufzutreten ohne sich unnötig zu exponieren, ist seitlich an der Wand an der sich das Schloss befindet. Mit dem Rücken zu Wand wird gezielt mit einem Tritt die Türe „rückwärts" aufgestoßen, sofern die Bauart es zulässt (Foto 4). Ansonsten sollte man sich soweit wie möglich seitlich der Türe so positionieren, dass man einen Tritt von vorne ausführen kann. Ein Teil vom Körper sollte durch den Türrahmen gedeckt sein. So kann auch verhindert werden, dass man, nachdem die Türe aufgebrochen wurde, in den Raum stolpert und ihn dadurch unkontrolliert betritt (Foto 5).

1

2

3

Räumlichkeiten absuchen. Ist die Tür geöffnet worden, wird zuerst alles, was man direkt von außerhalb des Raumes im Inneren erspähen kann, mit der Waffe im Anschlag visuell „gesäubert". Dabei wird langsam aus der Distanz und kontrolliert sowie mit leicht seitlich geneigtem Oberkörper Sektor um Sektor abgesucht (Bildstrecke A).

Sobald eingeprägt wurde, was von außen zu sehen ist, gilt es als nächstes die nicht einsehbaren Stellen abzusuchen. Dabei sollte man sich keiner möglichen Gefahr zu exponieren. Zu diesem Zweck muss je nach Bauweise und Mobiliar zwangsläufig der Raum betreten werden. Dies geschieht, indem man sich zuerst für eine Richtung entscheidet, die man einschlagen will. Diese sollte eine gewisse Kontinuität in der Bewegung ermöglichen, sobald man in den Raum eindringt. Zudem sollte die gewählte Richtung möglichst

entfernt von der Stelle der vermuteten Gefahr sowie der Raummitte sein, jedoch nicht an den Wänden entlang sowie links und rechts der Türen. Danach wird der Raum mit leichtem Schwung betreten, ohne dass man an der Türschwelle stehen bleibt. Gleichzeitig kontrolliert man aus der Bewegung mit einem kurzen Drehen des Kopfes nach links und rechts die möglichen Gefahrenstellen. Das wären z. B. Ecken seitlich der Türe. Diese sind von außen ja nicht einsehbar. Dieses Vorgehen erschwert es all jenen, die sich im Raum versteckt halten, einen Absuchenden beim Betreten des Raumes abzufangen. Schlimmer noch: mit einer Schusswaffe zu treffen. In der Regel ist es die Türschwelle, auf die eine Waffe gerichtet und der Angriff konzentriert ist. Bei diesem Manöver wird die Waffe mit beiden Händen nahe am Körper gehalten. Das verhindert ein Ergreifen durch den Täter. Darüber hinaus lässt sich die Waffe so besser kontrollieren, sollte es zu einem Körperkontakt mit der Gegenseite kommen (Foto 6/7).

Je nachdem, wo die Gefahr beim Betreten des Raumes entdeckt wird, ist die Waffe entsprechend aus der Bewegung einzusetzen (Bildstrecke B/C). Je nach Raumplan oder Ecke, in der sich der Gegner befinden könnte oder vermutet wird, sollte mit der Langwaffe ein Handwechsel, mit der Kurzwaffe ein einhändiger Griff in Betracht gezogen werden. Dies möglichst weiterhin mit einer natürlichen Gangart. Notfalls kann aus der Bewegung getroffen werden (Foto 8/9). Rückwärts laufen ist zudem langsamer und birgt darüber hinaus die Gefahr eines Sturzes. Diese Gangart sollte nur und falls nicht anders möglich durch Abrollen der Füße auf wenige Schritte limitiert werden. Befindet man sich im Zimmer, werden alle Stellen, an denen sich jemand verstecken könnte, bewusst und mit der nötigen Vorsicht abgesucht (Foto 10/11). Räume, die nur passiert werden müssen, weil man an einen bestimmten Ort eilen muss, werden beim Vorbeigehen kurz gesichtet, ohne dass man sie betritt (Foto 12).

Beim Betreten eines Raums stellen Überraschungsmoment und Bewegung sicher, dass der Vorteil und die Initiative auf der eigenen Seite bleiben. Es ist von Bedeutung, vorher keine Geräusche zu verursachen, wenn man den Raum betritt.

Sobald die Türschwelle passiert wurde, kann die Pistole mit einer Hand bedient werden, um weiterhin ein möglichst normales Gehen zu ermöglichen – Fußspitzen in die Richtung, in die man gehen will.

Wenn die Dringlichkeit es verlangt, muss man einen Kompromiss zwischen langsamen sowie gründlichem Absuchen und schnellem Handeln eingehen (z. B. einen Raum beim vorbeigehen von außen einsehen), was gezwungenermaßen mit mehr Risiken verbunden ist.

Öffnen einer L-Ecke (links oder rechts): Beim Annähern an eine Ecke ist vorerst Distanz zu wahren. Dies verhindert ein Herausstrecken der Waffe um die Ecke. Sollte sich jemand unmittelbar hinter der Ecke befinden oder unvermittelt aus dieser hervorkommen, hat man somit Zeit Gegenmaßnahmen einzuleiten. Außerdem erlaubt eine größere Distanz einen vertieften Blick um die Ecke.

Genau wie bei einer Tür neigt man den Oberkörper langsam und kontrolliert seitlich. Dabei sind die Ellenbogen nahe am Körper, um der Gegenseite keine Zielindikatoren zu geben. Schritt für Schritt wird die Ecke abgesucht. Dabei sollte man den Blick nicht nur auf Augenhöhe richten, sondern auch nach oben und unten schauen (3D-Blick). Das Halten der Waffe in Richtung der Gefahrenzone ist den Umständen anzupassen. Dies näher oder weiter vom Körper entfernt. Je nachdem, in welche Richtung sich die Ecke öffnet, links oder rechts, sollte die Waffe in der entsprechenden Hand gehalten werden, sofern die Waffenhandhabung beidseitig trainiert und geübt wurde.

Eine andere Möglichkeit ist die Verkantung der Waffe. Sobald gesichtet wurde, was ohne sich zu exponieren eingesehen werden kann, wird die Ecke aus der Bewegung passiert. Die Waffe wird auch hier mit beiden Händen nah am Körper in Position gehalten. Wichtig ist es, solange wie möglich die Bewegung fortzuführen, um den Vorteil des Überraschungseffekts länger auszunutzen. Dies erschwert es der Gegenseite, jemanden gezielt abzufangen (Bildstrecke D/E/F/G).

D
T-ELEMENT

T-ELEMENT

E
T-ELE

T-ELE

F

GRUNDELEMENT

G

Bei einer Ecke, welche sich auf der dominanten Seite befindet, kann ein Hand- bzw. Schulterwechsel vorgenommen werden, um die Waffe besser aufs Ziel richten zu können und sich dabei weniger zu exponieren.

T-ELEMENT

T-ELEMENT

T-ELEMENT

T-ELEMENT

Lässt es die Raumgestaltung nicht zu, dass man mit Schwung und weiträumig an der Ecke vorbeigehen kann, sondern nur nah an der Kante, wird die Ecke mit Schwung und mit der Waffe in *Close Range Contact Ready* bzw. in *Overshoulder Contact* mit der Langwaffe, geöffnet (Bildstrecke H/I/J/K).

GRUNDELEMENT
GRUNDELEMENT

I
T-ELEMENT

T-ELEMENT

GRUNDELEMENT
GRUNDELEMENT

J
T-ELEMENT

T-ELEMENT

K
T-ELEMENT

T-ELEMENT

Öffnen einer T-Verzweigung: Bei einer T-Verzweigung handelt es sich entweder um einen Korridor, welcher am Schluss in zwei sich gegenüberliegende Ecken mündet, bzw. die Stelle, an dem er sich mit einem anderen Korridor kreuzt. Auch das Heraustreten aus einem Zimmer in einen Flur stellt im Grunde genommen eine T-Verzweigung dar. Bei der Annäherung an eine Verzweigung müssen zwangsläufig beide Ecken im Auge behalten werden. In einem Korridor geschieht dies, indem man abwechselnd die Seite des Korridors wechselt. Das soll dem Gegner die Zielauffassung erschweren, sollte er aus der Deckung seine Waffe in den Korridor herausstrecken und anfangen zu feuern.

In unmittelbarer Nähe der Verzweigung wird zuerst die eine, dann die andere Ecke geöffnet. Sind die einsehbaren Stellen ohne sich zu exponieren überprüft, ist zu entschieden, in welche Richtung man gehen will, um an der Verzweigung vorbeizukommen.

Faktoren, die bei einer Wahl vorzuziehen sind, sind die Möglichkeit die Bewegung fortzuführen, ohne halten zu müssen. Dabei prüft man Indikatoren, an welcher Ecke sich jemand befinden könnte. Bei der Ausführung kann man jedoch nicht beide Seiten gleichzeitig kontrollieren. Sobald man sich auf Kantenhöhe befindet, wird kurz der Kopf in die entgegensetzte Richtung geschwenkt (Foto 13/14). Sollte etwas erkannt werden – egal in welcher Richtung – wird mit angepasster Waffenhaltung die Gefahr neutralisiert (Foto 15 bis 18).

Müssen zwei Richtungen gleichzeitig abgecheckt werden - wie es bei einer T-Verzweigung nötig ist – wird der Kopf beim Beginn der Verzweigung in beide Richtungen gedreht. Dies geschieht aus der Bewegung heraus.

Unabhängig, auf welcher Seite die „Gefahr" entdeckt wird: Die eingeschlagene Laufrichtung bleibt dieselbe - ohne zu halten oder zu stoppen -, um den Schwung zu nutzen und entsprechend entgegenzuwirken.

Beim Schiessen mit der Langwaffe aus der Bewegung in der *Under Arm Position* wird analog dem Turm eines Panzers der Oberkörper gedreht, damit die Waffe auf das Ziel gerichtet bleibt, während man sich auf natürliche Art in eine Richtung bewegt.

Sollte der Einbrecher bewaffnet sein und es zu einer Schussabgabe in einem Korridor kommen, in dem eine laterale Ausweichung beschränkt ist, ermöglichen die Positionen *Inquartata* und *Squat*, die eigene Silhouette zu defilieren bzw. in der Höhe zu reduzieren. Dies verschafft die nötige Zeit, um das Überraschungsmoment zu überstehen, nicht getroffen zu werden und selber das Feuer auf den Angreifer zu eröffnen.

Begehen von Treppen: Es gibt unzählige Treppenarten. Diese können jedoch in zwei Kategorien unterteilt werden: Offene und geschlossene.
Offen bedeutet, dass sich in der Mitte ein Schacht bzw. Geländer befindet. Diese ermöglichen bis zum nächsten Treppenabschnitt oder sogar bis ganz nach oben herauf- bzw. herunter zu schauen.
Bei einer geschlossenen Treppe hingegen befinden sich links und rechts Wände, die es unmöglich machen den nächsten Treppenabschnitt zu sehen. Entsprechend ist das Vorgehen auf einer Treppe diesen zwei Eigenschaften anzupassen. Geht man eine offene Treppe hinauf oder herunter, geschieht dies am besten entlang der Außenwand. Dies ermöglicht ein Vorausschauen in den nächsten Treppenabschnitt, ohne sich zu stark zu exponieren. Bei geschlossenen Treppen wird an der Innenwand vorgegangen, um einem eventuell wartenden Gegner die Aufklärung zu erschweren, besonders wenn der Täter eine Waffe einsetzen will (Bildstrecke L/M/N/O/P/Q/R/S).

Ist man mit Angehörigen unterwegs, sei es um das Haus zu verlassen oder sich in einen Raum einzuschließen, werden Gefahrenstellen zuerst alleine gesäubert. Erst dann ziehen die Angehörigen nach. Die Lage muss zuerst geklärt werden.

Besondere Situationen: Es könnte vorkommen, dass ein Einbrecher bemerkt, dass der Hausbesitzer ihm auf die Schliche gekommen ist. Um Zeit zu gewinnen, könnte er sich auf der Flucht in ein Zimmer einschließen.
Je nach Stockwerk könnte er dann aus dem Fenster entweichen oder sich im Zimmer verbarrikadieren. Egal was er tut: Hat man festgestellt, in welchem Zimmer er sich befindet, gilt es, das Zimmer aus sicherer Entfernung und Deckung zu bewachen. Solange keine Familienangehörigen involviert sind oder sich in diesem im Zimmer aufhalten, ist die Zeit auf der Seite des Bewohners. Man kann mit dem Einbrecher verbal Kontakt aufnehmen, um ihn zur Aufgabe zu bewegen und auf das Eintreffen der Polizei warten.
Sollte umgekehrt der Hausbesitzer, während er ein Zimmer absucht, vom Einbrecher in das Zimmer eingeschlossen werden, bleibt nichts anderes übrig, als das Schloss aufzubrechen oder sogar aufzuschießen. In der Regel öffnet sich eine Tür zum Zimmerinneren, was ein Aufstoßen unmöglich macht. Insgesamt bedeutet das aber, dass man schlecht vorbereitet war. Schlüssel sollten in der Regel an der Türinnenseite sein.

L

M

N

O

P

Q

R

S

Kapitel 12

VORGEHENSWEISE UNTER SCHLECHTEN LICHTVERHÄLTNISSEN

Licht oder besser gesagt kein Licht spielt bei Einbrüchen in der Nacht oder bei Dämmerung eine wesentliche Rolle. In der Regel ist Licht unser Freund bzw. des Einbrechers Feind. Täter mögen es, im Schutz der Dunkelheit zuzuschlagen. Licht ist aber nicht nur ein gutes Abschreckungsmittel, sondern vor allem ein hervorragendes Kontroll- und Abwehrmittel. Insbesondere die tragbare Lichtquelle eignet sich bestens um zu Suchen. Dies jedoch gewusst wie. Die Taschenlampe stellt gleichzeitig sicher, dass die Gefahr richtig erkannt wurde. Dies beugt wiederum möglichen Irrtümern und Fehldeutungen vor, diese könnten zu irreparablen Schäden mit fatalen Auswirkungen führen.
Die Dunkelheit kann wiederum auch für die Hausbesitzer nützlich sein. Besonders wenn es darum geht, den Einbrecher zu überraschen oder die eigenen Bewegungen im Haus möglichst verdeckt zu halten. Wie bereits angedeutet wurde, sind Einbrecher normalerweise sehr zurückhaltend, was ihr Agieren an gut beleuchteten Orten betrifft.
Statisches Licht kann gut gebraucht werden, um den Außenbereich des Hauses zu kontrollieren sowie Bewegungen zu dirigieren und zu kanalisieren. Täter sind so zusätzlich eingeschränkt, man kann ihnen nur bestimmte Richtungen erlauben.

Was die Nutzung einer Taschenlampe angeht, gibt es neben „Suchen und Identifizieren“ noch andere Möglichkeiten, diese sinnvoll einzusetzen:

- **Navigieren** (sich im Dunkeln orientieren, Wegweisen).
- **Kommunizieren** (Signal geben, warnen, Standort angeben).
- **Kontrollieren** (Personen, Sektor).

Zusätzlich kann die tragbare Lichtquelle auch als sogenannter *Force Multiplier* eingesetzt werden, um die eigenen Abwehr- und Angriffsmaßnahmen entscheidend wirksam zu unterstützen und zu verstärken. Besonders in der Dunkelheit kann die Blendung durch den Strahl einer Taschenlampe zu kurzeitigen Sehstörungen führen. Das verursacht eine Verlangsamung der Reaktionsfähigkeit und Koordination des Täters. Dieser Umstand kann Unsicherheit und Stress auslösen. Das kann ein taktischer Vorteil für den Bewohner sein.
Licht kann auch als Deckung genutzt werden. Hierbei ist es entscheidend, dass man in der Lage ist zu erkennen, in welchen Lichtverhältnissen man sich befindet und wohin man geht. Das Verwenden von Licht birgt nicht nur Vorteile, sondern auch Nachteile. In einer sogenannten *Low-Light*-Situation gibt es gewisse Regeln, die man beachten sollte. Diese sollen vermeiden, dass das Licht mehr schadet als nutzt.
In der Lage zu sein mit einer Taschenlampe in der Hand zu schießen, bedeutet noch lange nicht, die Fähigkeiten zu besitzen, diese auch taktisch richtig und zum eigenen Vorteil zu nutzen. Deshalb sind auch hier Richtlinien zu beachten, welche das eigene Verhalten in der Dunkelheit und Dämmerung sowie die Nutzung einer tragbaren Lichtquelle im Sinne der eigenen

Sicherheit und zum eigenen Vorteil regeln:

- Alle dunklen Ecken sind bewaffnet. Die größte Gefahr geht von dort aus, wo ich nichts sehen kann. Fazit: Allzeit davon ausgehen, dass sich jemand in den dunkelsten Ecken verstecken könnte.

- Kenne die Lichtverhältnisse. In einer taktischen Situation sollte man stets versuchen aktiv wahrzunehmen, in welchen Lichtverhältnissen man sich befindet und wohin man sich bewegt. Das simple Öffnen einer Tür oder der Eintritt von einem Raum in einen Flur könnte bedeuten, sich ins Gegenlicht zu stellen und zu einer gut sichtbaren Zielscheibe bzw. zum Angriffsobjekt zu werden (Foto 1 und 2).

- Agiere möglichst immer aus den dunkelsten Lichtverhältnissen. Dieses Prinzip basiert auf dem einfachen Fakt, dass man weder treffen noch schlagen kann, was man nicht sieht (Foto 3).

- Versetze dich in die Gegenseite. Frage dich: Wo würde ich mich anstelle des Gegners in der Dunkelheit verstecken und auf den passenden Moment zum Zuschlagen warten?

- Halte das Licht weg vom Körper. Egal wie man die Taschenlampe hält, man sollte diese weg vom Körper richten. Das Erste, auf das ein in der Dunkelheit versteckter Gegner schießen wird, ist die Lichtquelle. Diese könnte ihn nämlich finden oder blenden (Foto 4 und 5).

- Licht und Bewegung. Für die Orientierung im Dunkeln oder die Suche eines möglichen Gegners ist das Licht nur in kurzen Intervallen

Unten links, Mitte: Es ist entscheidend, ständig wahrzunehmen, in welchen Lichtverhältnissen man steht und sich bewegt, um nicht plötzlich im Gegenlicht zu stehen und zu einem gut sichtbaren Angriffsobjekt bzw. zu einer Zielscheibe zu werden. In einem solchen Fall wäre die Lösung sofort den Flur - noch bevor man im Türrahmen steht - mit Licht zu fluten oder die gleichen Lichtverhältnisse zu schaffen, wie sie am Zielort bestehen (z. B. Eingangslicht einschalten).

Oben, rechts: Der Nutzen der Dunkelheit sollte ebenfalls Teil der eigenen Strategie sein, um mögliche Einbrecher zu stellen.

Beim Absuchen des Hauses mithilfe einer Taschenlampe ist diese vom Körper weg zu halten, um - falls auf die Quelle des Lichtstrahls etwas geworfen oder gar geschossen wird – nicht getroffen zu werden. Hier die *Modified FBI*-Technik.

Bewaffnet oder unbewaffnet? Das gute und richtige Erkennen der möglichen Gefahr in schlechten Lichtverhältnissen ist in einer bewaffneten Auseinandersetzung von besonderer Bedeutung, denn jeder Fehler könnte irreparablen Schaden verursachen.

Licht kann auch genutzt werden, um Bewegungen seitens eines möglichen Einbrechers einzuschränken und/oder zu kanalisieren.

zu benutzen. Die eigene Fortbewegung sollte im Schutz der Dunkelheit erfolgen. Dies erschwert dem Gegner das Ausmachen der eigenen Position und die Einschätzung, wohin man sich als nächstes bewegen könnte.

- Keine Muster. Zu vermeiden sind jegliche sich wiederholenden Muster beim An- und Ausschalten der Lampe, um die eigenen Bewegungen besser tarnen zu können. Dieses Vorgehen beugt außerdem vor, dass der Gegner diese für seine Absichten ausnutzt.

- Sieh, was du siehst, und nicht, was du zu sehen glaubst. Speziell im Umgang mit Licht und Waffen ist maßgebend, sich bewusst zu sein, dass die Gefahr richtig erkannt und das Ziel genau identifiziert worden ist. Besonders wenn es zum Einsatz der Waffe kommt. Ein Irrtum in einer *Home-Defense*-Situation, in welche Drittpersonen involviert sind, könnte tragische Folgen haben (Foto 6).

- Kontrolliere mit Licht. Nutze das Licht, um die Bewegungsfreiheit deiner Gegner einzuschränken und zu kanalisieren und dir somit einen Vorteil zu verschaffen (Foto 7).

- Dominiere mit Licht! Sobald die Gefahr erkannt ist, beherrsche sie mit Licht. Blende die Gefahr und halte sie im Lichtstrahl, bis sie neut-

Ist die Gefahr erkannt und vom Lichtstrahl erfasst worden, wird diese geblendet, um Reaktionsmöglichkeiten stark einzuschränken. Zu diesem Zeitpunkt kann die Taschenlampe nahe am Körper geführt werden, um den Angreifer besser zu bekämpfen. *Neck Index*- (Foto 9) und *Bill Roger*-Methode (Foto 10).

Tactical Led Balls sind zweckmäßig, wenn es darum geht, einen Raum, wo man jemanden vermutet, mit Licht zu beleuchten ohne der Raum betreten zu müssen. Zudem kann man sie taktisch gesehen auch als Ablenkung nutzen und einzeln,um bereits abgesuchte Räume zu markieren.

ralisiert und die Situation geklärt ist. Dabei ist zu beachten, dass Augen, Waffe und Lichtstrahl in einer Linie sind (Foto 8/9/10).

- Eine Taschenlampe ist keine – zwei sind eine. Verfüge über ein *Back-Up Light*. Möglicherweise wird man erst dann erfahren, dass die Taschenlampe nicht mehr funktioniert, wenn man sie am dringendsten braucht. Zusätzlich ist es empfehlenswert, dass man die Taschenlampe mit einem *Combat Ring* ausstattet. So kann man mit der Taschenlampe in der Hand ungestört Manipulationen an der Waffe durchführen, ohne dass man diese beispielsweise unter der Achsel einklemmen muss.

Merke: Waffenlampen *(Weaponlights)* sollten erst zum Zug kommen, wenn die Gefahr erkannt und fixiert ist (mit dem Licht geblendet). Eine auf der Waffe fest montierte Lampe eignet sich z. B. schlecht für das Suchen und birgt die Gefahr, die Waffe ungewollt auf unbeteiligte Drittpersonen zu richten. Sollte jemand genau auf das Licht zielen, würde er mit großer Wahrscheinlichkeit dessen Besitzer treffen. Außerdem sind Waffenlampen nicht überall von der Gesetzgebung erlaubt. In Deutschland handelt es sich z. B. um ein rein behördliches Recht.

Kapitel 13

WAFFENSCHUTZ UND ENTWAFFNUNGSTECHNIKEN

Die Nutzung einer Waffe in einem Nahverteidigungskontext, wie z. B. in den eigenen vier Wänden, bedingt nicht nur die Fähigkeit, diese gut zu beherrschen und auch durch Alternativzielmethoden zu treffen. Auch der Waffenschutz, sonstige Abwehrmaßnahmen mit und ohne Waffe in der Hand sowie die Entwaffnung eines Gegners müssen zum Repertoire gehören.
Sollte der Fall eintreten, dass man die eigene Waffe vor einer Entreißung schützen muss, kann dies bedeuten, dass nicht alle Maßnahmen befolgt wurden um dies aktiv zu verhindern. Genügend Distanz zur Gefahrenquelle ist eine der wichtigsten Vorkehrungen um die eigene Waffe vor einem Ergreifen durch Drittpersonen zu schützen. Außerdem ist die Position, in der die Waffe gehalten wird, der Gefahr bzw. der Architektur des Hauses anzupassen. Man könnte z. B. die Waffe näher am Körper halten. Trotzdem kann es vorkommen, dass man etwas übersieht oder im Adrenalinrausch unvorsichtig wird.
Die Täter könnten die Gelegenheit nutzen, die Waffe des Bewohners zu ergreifen. Zwar existieren unzählige Techniken, wie man eine Waffe (kurz oder lang) vor einer Einreißung schützen kann, doch nicht alle sind auch wirklich brauchbar und einfach zu behalten. Eine gute Technik sollte leicht zu merken sein. Idealerweise sollten nicht mehr als drei Hauptbewegungen involviert sein. Zudem sollte die Technik wirkungsvoll und für jedermann/-frau anwendbar sein.
Für dieses Buch wurden einige Waffenschutztechniken für die Kurz- und Langwaffe ausgewählt, die objektiv die oben erwähnten Kriterien erfüllen und es wert sind, erlernt zu werden.
Das Betätigen des Abzuges ist ebenfalls eine Option um den Gegner unschädlich zu machen, besonders wenn die Waffe von einem Täter ergriffen wird und die Situation außer Kontrolle gerät. Schließlich ist in der Auseinandersetzung eine Waffe im Spiel, auch wenn es sich um die eigene handelt.
Alle hier gezeigten Waffenschutztechniken gehen von der Ausgangslage aus, dass die Waffe bereits in der Hand gehalten wird. Zusätzlich wurden eindeutige verdächtige Geräusche wahrgenommen. Dies verlangt eine hohe Bereitschaft. Sollte der Angreifer die Waffe des Bewohners ergreifen, wenn er sich einer Gefahrenstelle wie Ecken und Türen nähert, bedeutet dies noch lange nicht, dass alles verloren ist. Meistens war man jedoch unvorsichtig oder die Waffe wurde in nicht korrekter Weise gehalten.
Bekanntlich ist die natürliche Reaktion, wenn jemand einem etwas ergreift oder wegnehmen will, den Gegenstand zurückzuziehen. Ganz nach dem Motto: *„Hey... das ist meins!“* Das wird von der Gegenseite auch so erwartet und ist oft der Grund, weshalb bei einem solchen Vorgehen meist viel Kraft eingesetzt wird, um sie zu entreißen. Eine spontane Reaktion führt unweigerlich zu einem Hin- und Herreißen. Das ist auch bei Kinder so, wenn zwei dasselbe Spielzeug möchten und ins-

tinktiv im Menschen verankert. Meistens geht es nur noch darum, wer stärker ist oder zuerst aufgibt. Wenn anstelle eines Spielzeugs das eigene Leben auf dem Spiel steht, wird es sicherlich keiner darauf ankommen lassen, wer der Stärkere ist. Wird in einer solchen Situation, anstatt sofort in die Gegenrichtung zu ziehen, die Kraft des Angreifers für sich genutzt, wird die Gegenseite nicht nur überrascht, sondern mit großer Wahrscheinlichkeit auch aus dem Gleichgewicht gebracht. Dazu muss man ruckartig auf den Täter zugehen. Dies ist hilfreich, um den Griff des Täters an der eigenen Waffe zu lockern, um sie mit einer kräftigen Gegenbewegung wieder frei zu bekommen. Schnelligkeit und eine gute Portion Angriffslust zählen auch hier zu den nötigen Erfolgsfaktoren (Bildstrecke A).

Sollte bei der Auseinandersetzung die Waffe zu Boden fallen, sollte nicht unbedingt um das Wiedererlangen der Waffe gekämpft werden. Primär sollte der Kampf nun darum gehen, den Gegner sofort außer Gefecht zu setzen oder zumindest in die Flucht zu schlagen. Eine Fokussierung auf die Waffe könnte von der Gegenseite genutzt werden, um den Besitzer selber schnell außer Gefecht zu setzen (Foto 1).

Besonders im Nahdistanzbereich stellt ein Messer eine äußerst gefährliche und tödliche Gefahr dar. Auch mithilfe einer Schusswaffe kann eine Messerattacke ungünstig verlaufen, und bevor der Angreifer getroffen zusammenbricht einem schwere Verletzungen zufügen. Deshalb: Sobald ein Messer gezückt wird, ist sofort Distanz zu schaffen, in Schutz einer Deckung zu gehen oder - sollte dies nicht möglich sein - versucht werden, mit einem Stuhl oder anderen in einer Wohnung vorhandenen Gegenständen den Angreifer abzuwehren. Dies möglichst ohne mit ihm in direkten Kontakt zu kommen. Vom Einsatz von Pfeffersprays oder sonstigen nicht-letalen Mittel ist nicht zu raten, denn diese Mittel könnten zu wenig oder zu spät auf den Angreifer wirken.

Wird die Kurzwaffe von der Gegenseite ergriffen, nicht sofort Waffe zurückziehen, sondern zuerst auf den Gegner zugehen, dann Waffe drehen und zurückziehen um diese wieder frei zu bekommen.

Eine Rotation der Waffe kann sich ebenfalls als hilfreich erweisen, um sich aus dieser Lage zu befreien: Dabei wird zuerst die Waffe mit den Ellenbogen nahe am Körper fixiert und dieser leicht abgesenkt (Bildstrecke B). Ansonsten positioniert man sich neu, so dass der Angreifer vor dem Lauf steht und dieser wie oben beschrieben in Richtung Gegner stößt. Damit kann auch ein Schlag ausgeführt werden. Ein gleichzeitig kräftig ausgeführter Ablenkungsschlag auf Knie oder Schienbein erleichtert das Vorhaben (Bildstrecke C). Eine andere Variante ist das Sich fallen lassen. Dabei wird der Gegner mit einem Bein abgefangen und zurückgedrängt, sollte dieser sich auf einen stürzen wollen (Bildstrecke D/E).

Besonders Langwaffen eignen sich bestens, um damit auch zu schlagen (Schulterstütze, Lauf).

B

C

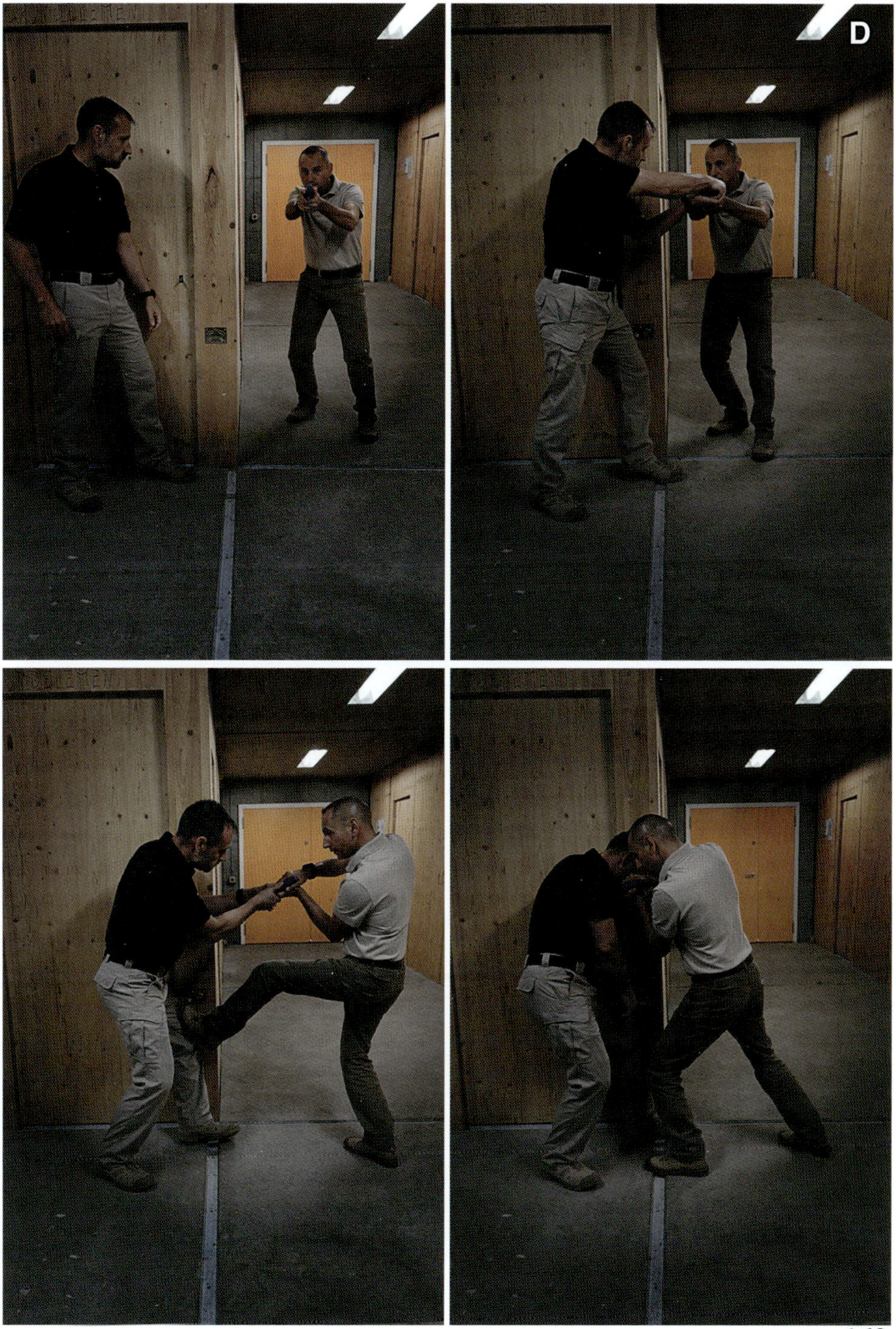
D

E

Entwaffnung

Jemanden zu entwaffnen ist – auch wenn man diese Art des Nahkampfes auf höchstem Niveau beherrscht – eine hochriskante Tätigkeit. Bei dieser steht meistens nur ein Versuch zur Verfügung. Es ist ratsam, gründlich zu prüfen, was auf dem Spiel steht und ob es wirklich Sinn macht, ein solches Risiko einzugehen. Dies bevor man sich für diesen Weg der Abwehr entschieden hat.
Sollte ein Einbrecher die Hausbesitzer überraschen und Geld und andere Wertgegenstände verlangen, gibt es keinen Grund, Widerstand zu leisten. Auch der Versuch den Täter zu entwaffnen bzw. überwältigen, muss intensiv überlegt werden und sollte in der Regel negativ entschieden werden.
Sollte der Täter jedoch die Frau, ein Kind oder sonstige Familienangehörige als temporären „Passierschein" mitnehmen wollen, um einen sofortigen Polizeinotruf vorzubeugen, herrscht eine ganz andere Ausgangslage. Ein beherzter und gekonnter Entwaffnungsversuch ist nun wahrscheinlicher.
Es gibt keine Garantie, dass der Täter die Angehörigen auch wirklich unversehrt frei lässt, wenn er in Sicherheit ist. Sollte es soweit kommen, ist auf das Zusammenspiel folgender Elemente zu achten:

- **Illusion der Zusammenarbeit**: Was verlangt wird, sollte man ohne Widerstand leisten. Dabei sind die Hände so zu halten, dass sie keine Gefahr für den Gegner darstellen (z. B. hoch auf Schulterhöhe), jedoch bereit für einen Zugriff sind.

- **Überraschung:** Eine Ablenkung des Einbrechers für sich nutzen.

- **Schnelligkeit:** Ohne Vorwarnung zuschlagen.

- **Entschlossenheit:** Kein Zögern. Ist die Aktion gestartet, gibt es kein Zurück mehr.

- **Aggressivität:** Um die Initiative nicht zu verlieren, bis der Einbrecher außer Gefecht oder geflüchtet ist.

Bei der Umsetzung geht es darum, sich zuerst aus der Schuss- und Angriffslinie zu bewegen. Dies kann geschehen, indem man die Distanz verkürzt und sich seitlich seines Gegenübers positioniert sowie die Gefahr ergreift, um sie zu kontrollieren. Die Gefahr ist in diesem Fall die Hand oder das Handgelenk und nicht direkt die Waffe.
Danach werden die Waffen zu Fall gebracht (Messer) oder an sich gerissen (Schusswaffe). Danach werden sofort Gegenmaßnahmen eingeleitet. Dazu zählen Schläge mit der Waffe, Faustschläge, Knie- und Fußtritte usw. Ziel ist es, dass der Täter kampfunfähig oder in die Flucht geschlagen wird. Notfalls sollte man selber die Flucht ergreifen, wenn es die Situation verlangt.
Man sollte sich bewusst sein, dass die wirkliche Gefahr nicht von der Waffe, sondern von der Person ausgeht, die sie in der Hand hält (Bildstrecke F/G/H/I/J/K).

Eine Entwaffnung beinhaltet: Illusion der Zusammenarbeit, Überraschung, Schnelligkeit, Entschlossenheit und Gewalt, um den Gegner außer Gefecht zu setzen. Speziell am Anfang der Aktion sollten die Hände möglichst nahe gehalten werden (dort wo sie bald zuschlagen werden), um weder Überraschungseffekt noch Zeit zu verlieren.

G

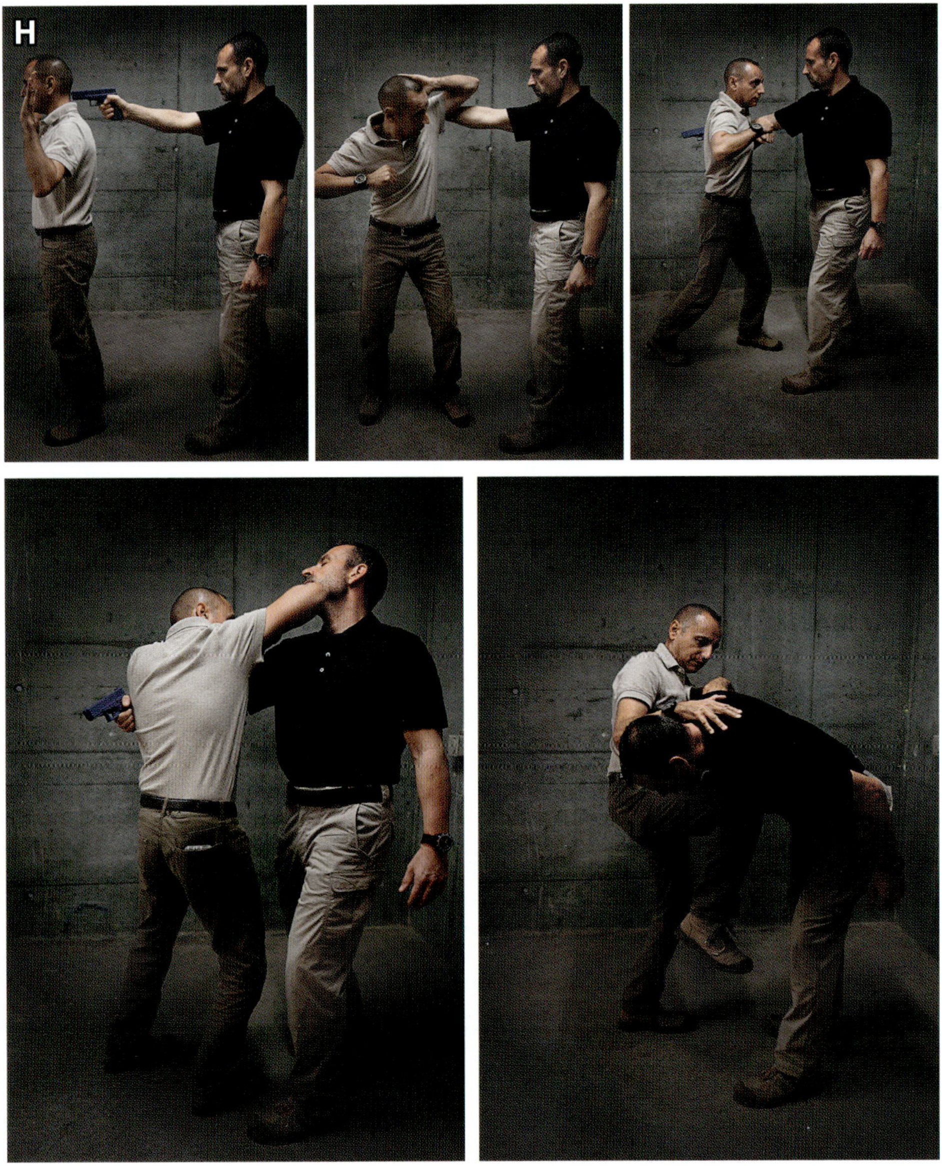
H

J

Jemanden mit einem Messer entwaffnen zu wollen, ist eine höchst riskante Angelegenheit, mit Verlust (Schnittwunden) ist zu rechnen. Bei der gezeigten Technik - um ernsthafte Verletzungen zu vermeiden - ist es erforderlich, dass das Messer mit dem äußeren Unterarm, an dem Knochen vorwiegen (Elle) und Muskel (Extensor) sind, Richtung Daumen gestoßen wird.

Kapitel 14

ERSTE HILFE-MASSNAHMEN

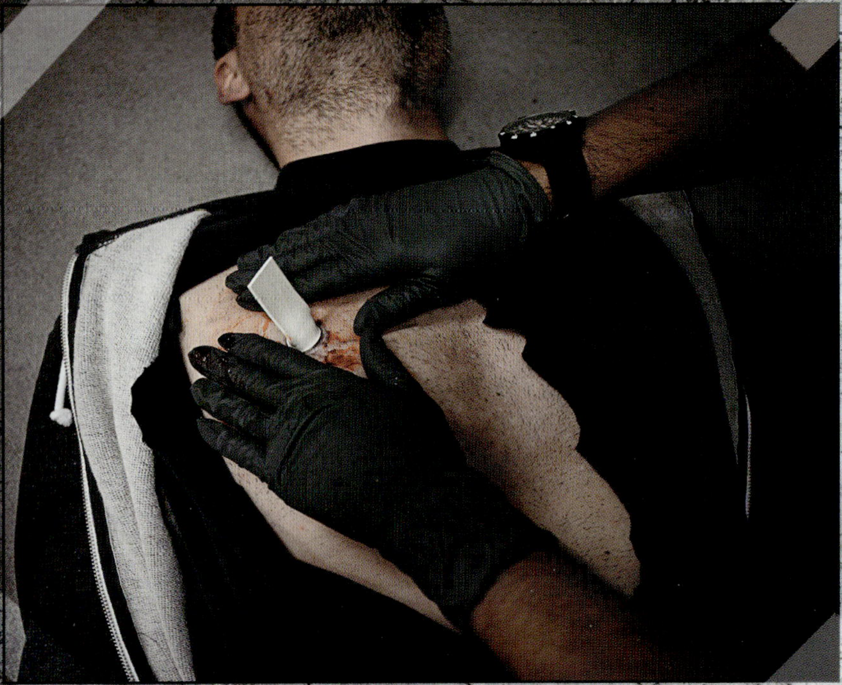

Sich für eine mögliche häusliche Verteidigung vorzubereiten, impliziert auch den *Worst Case* miteinzubeziehen. Man selber oder Drittpersonen können dabei verletzt werden. Erste Hilfe muss man auch den Tätern leisten.

Entsprechend ist es notwendig, sich das benötigte Grundwissen anzueignen. Benötigtes medizinisches Material muss besorgt und bereitgestellt werden (Foto 1). Bevor wir uns dem medizinischen Teil widmen, hier einige rechtliche und taktische Aspekte die zu diesem Thema relevant sind: Abgesehen von den Angehörigen, denen man selbstverständlich sofort zu Hilfe eilen würde, hat auch der Täter ein Recht auf Erste Hilfe. Selbst wenn dieser während des Einbruchs verletzt wurde.

Dieses Recht beruht auf der sogenannten **Nothilfepflicht**. Jedermann hat entsprechend seinen Fähigkeiten und Kenntnissen unverzüglich alles Erforderliche zu tun, um einem in Lebensgefahr schwebenden Menschen zu helfen. Dabei spielt es keine Rolle, wer oder was die Verletzungen zugefügt hat oder in welchem Zusammenhang diese entstanden sind. Eine Unterlassung oder Behinderung kann je nach Fall und Ausgangslage mit einer Freiheits- oder Geldstrafe geahndet werden. Es leuchtet ein, dass die genauen Umstände bei einer Unterlassung sehr genau beurteilt werden. Dies insbesondere, wenn es sich um eine Situation gehandelt hat, in der Leib und Leben bedroht wurden.

Was die taktische Seite anbelangt, gelten zu einem gewissen Grad die gleichen Regeln, wie sie in einem militärischen oder Polizeiumfeld bei der sogenannten taktischen Ersten Hilfe zur Anwendung kommen. Folglich gilt auch hier das Kürzel: **Call-A-CAB 'N GO.** Die eigene Sicherheit steht jedoch immer im Vordergrund. Es ist letztendlich das Prioritätsziel, den Verletzten schnell in ein Krankenhaus einzuliefern, um dort die Verletzungen professionell und adäquat zu behandeln zu lassen. Darum gilt: Verletzte Person behandeln so viel wie nötig und so wenig wie möglich. Danach einer qualifizierten Rettungskette übergeben.

Call = Hilfe rufen/anrufen.

A = *Abolish the threat* (Gefahren beseitigen): Gegner neutralisieren, zum Rückzug zwingen/in die Flucht schlagen oder so unter Druck setzen, dass er nicht mehr agieren kann.

CAB = *Circulation, Airway and Breathing* (Kreislauf, Atemwege, Atmung): Blutungen stoppen, Atemwege befreien, Atmung erleichtern/helfen.

N = *Neurologic Status Check* (Neurologische Statuskontrolle):
- Bei Bewusstsein mit normaler Wahrnehmung?
- Bei Bewusstsein mit beeinträchtigter Wahrnehmung?
- Nicht bei Bewusstsein.

Bewusstheitsskala (Wahrnehmungsskala) AVPU:
- *Alert* (geistesgegenwärtig).
- *Responsive to verbal stimuli* (reagiert auf verbale Ansprache).
- *Responsive to pain* (reagiert auf Schmerz).
- *Unresponsive* (nicht ansprechbar/unempfänglich).

GO = Evakuierung in eine medizinische Infrastruktur.

Was die Behandlung angeht, folgt eine Liste von Verletzungen mit den entsprechenden Behandlungen:

Extremitäten (Arme, Beine): Bei arterieller Blutung, bei dem das Blut pulsierend spritzt oder im Strahl mit großer Intensität aus der Wunde tritt sollte ein Tourniquet oder ein Druckverband ver-

Verbandsmaterial, blutstillende Mittel sowie andere sorgfältig ausgewählten medizinischen Produkte in einem Erste-Hilfe-Set sind eine sehr große Hilfe - und können auch Zuhause im Notfall Leben retten.

wendet werden. Dies um die zuführende Arterie abzudrücken. Falls vorhanden, blutstillende Mittel bzw. Verbände anwenden, hochlagern. Das Blut ist dabei hell, weil es sauerstoffreich ist.
Bei der venösen Blutung fließt es regelmäßiger, weil es sauerstoffarm ist, ist es von dunklerer Farbe: Druckverband anlegen, blutstillendes Mittel bzw. Verbände anwenden, hochlagern.
Gemischte Blutung: Wie arterielle Blutung behandeln (Fotos 2 bis 4).

Blutungen können durch den entstehenden Blutverlust ein Kreislaufversagen mit unter Umständen lebensbedrohlichem Ausmaß zur Folge haben. Dies führt zu einem Schockzustand, die Sauerstoffzufuhr in die Vitalorgane ist nicht mehr gewährleistet. Bei einem Erwachsenen mit ca. fünf bis sechs Litern Blut kann der Verlust von einem Drittel kritisch sein.

Kopf: Je nach Verletzungsart bzw. Blutung sollte man einen lockeren oder einen Druckverband direkt auf dem Kopf bzw. Gesicht anlegen. Um Schwellungen zu kontrollieren, sollte die betroffene Stelle mit einer Eispackung gekühlt werden. Sollte der Patient über starke Kopfschmerzen klagen, kann man ein Medikament mit dem Wirkstoff Paracetamol verabreichten. Auf Aspirin, Ibuprofen oder sonstige entzündungshemmende Mittel sollte man verzichten. Diese können die gerinnungsaktiven Blutplättchen hindern sich zusammenzulegen und somit die Blutung aus einer Wunde fördern. Ein Rettungswagen sollte gerufen oder direkt zur Notaufnahme eines Krankenhauses gefahren werden. Bei Patienten, die bewusstlos, schwer zu wecken oder bei Bewusstsein wiederholt erbrechen, undeutlich Sprechen, Verwirrtheit zeigen oder ungewöhnliches Verhalten an den Tag legen sowie Lähmungserscheinungen oder Gefühlsstörungen in Armen oder Beinen beklagen, ist von einer möglichen traumatischen Hirnverletzung auszugehen. Diese erfordert eine unverzügliche Behandlung in einer Klinik. Bei Augenverletzungen sollte das betroffene Auge schonend bandagiert und/oder mit einer Eispackung gekühlt werden. Keinesfalls sollte man es auswaschen, reiben oder evtl. vorhandene Fremdkörper gewaltsam entfernen. Ein Augenarzt sollte unverzüglich aufgesucht werden.

Brustkorb: Eventuell vorhandene Fremdkörper nicht gewaltsam entfernen. Einen Druckverband anlegen. Falls die Lunge perforiert wurde, sollte man die Verletzung auf beiden Seiten, insofern eine Austrittswunde vorhanden ist, luftdicht verpacken *(Chest Seal* oder Plastikfolie und Klebeband). In der Regel strömt Luft aus der Wunde, der Verletzte klagt über Erstickungsgefühl und hat eine schnelle Atmung. In allen Fällen Unverzüglich ins Krankenhaus fahren. Es geht um Minuten.

Bauchgegend: Eventuell vorhandene Fremdkörper nicht gewaltsam entfernen. Den Verletzten mit angezogenen Beinen auf dem Rücken lagern, sofern diese Position keine zusätzlichen Schmerzen verursacht, die Bauchmuskulatur entlasten. Einen lockeren Verband anlegen und keinen Druck auf die betroffene Stelle ausüben. Niemals versuchen, ausgetretene Organe in die Bauchhöhle zurückzuschieben.

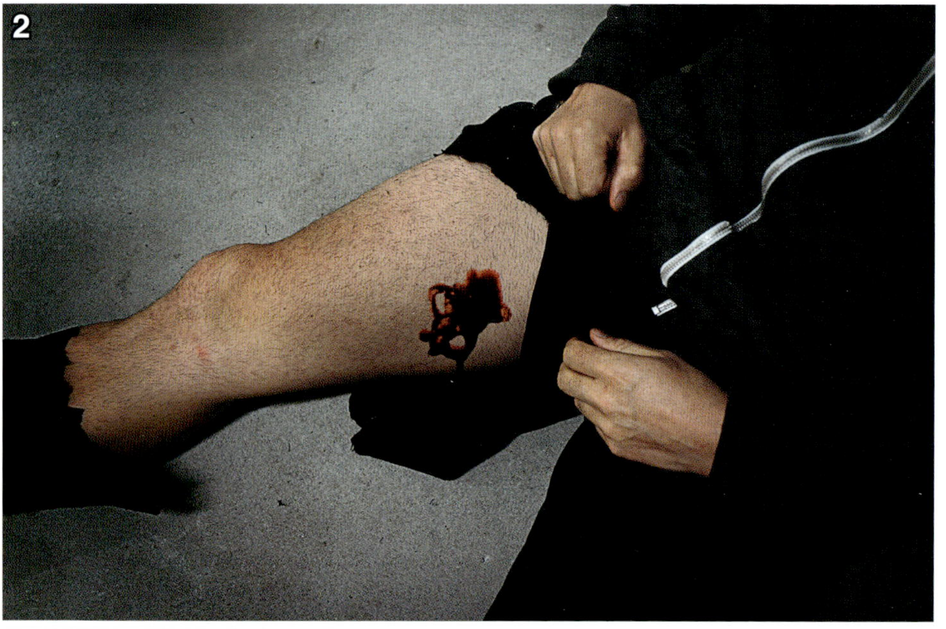

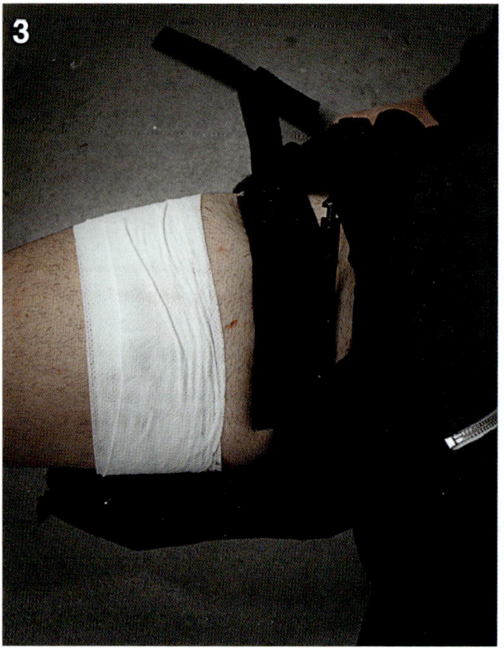

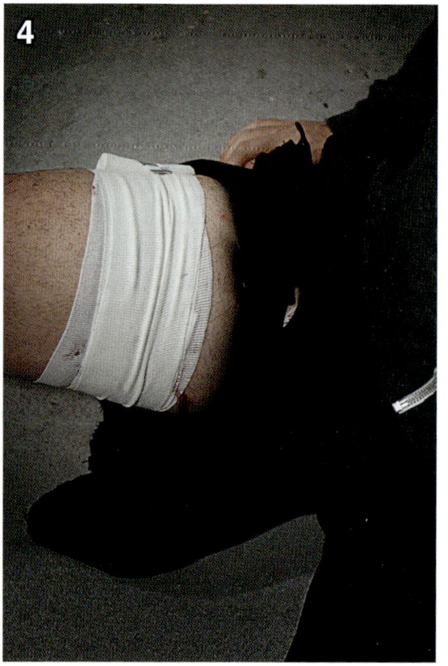

Eine Blutung zu stoppen gehört zur ersten Behandlung bei Verletzungen. Hier mit Tourniquet und Combat Gauze.

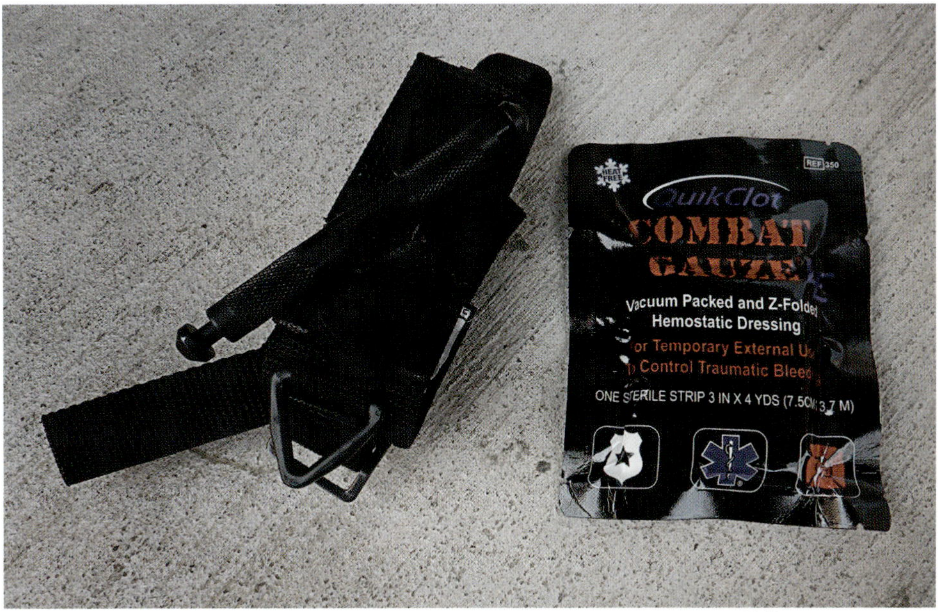

Oben: Tourniquet und blutstillende Gauze. Ist kein spezifischen Material vorhanden, kann man mit einem Hosengürtel und einer elastischen Binde ebenfalls eine Blutung erfolgreich behandeln (unten).

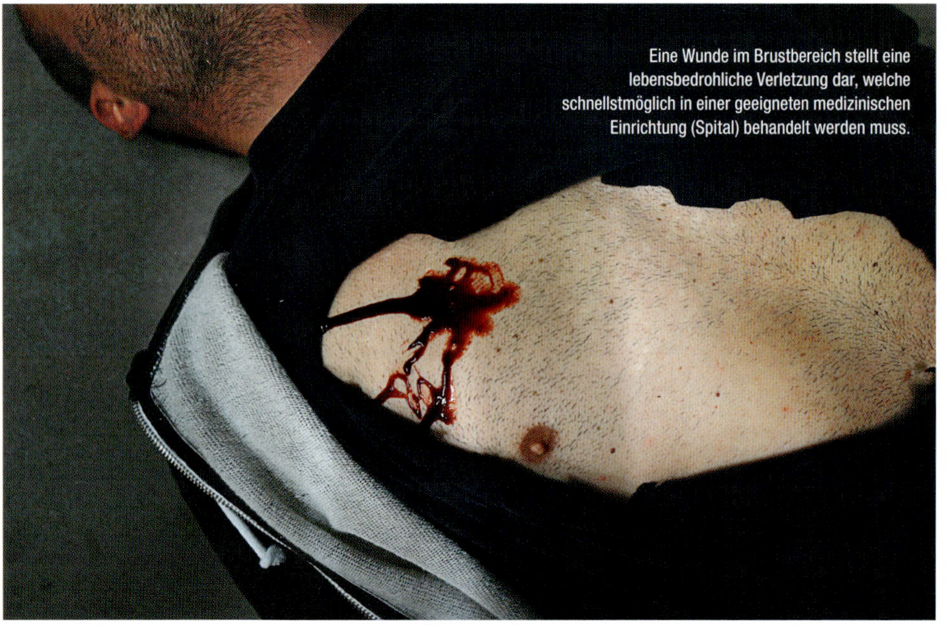

Eine Wunde im Brustbereich stellt eine lebensbedrohliche Verletzung dar, welche schnellstmöglich in einer geeigneten medizinischen Einrichtung (Spital) behandelt werden muss.

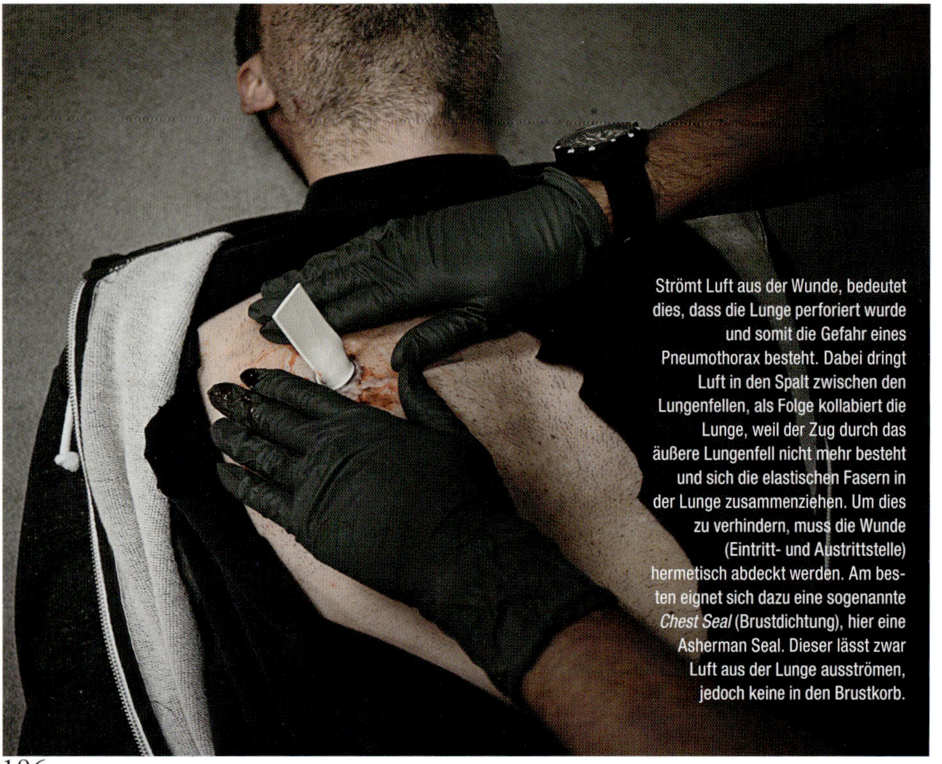

Strömt Luft aus der Wunde, bedeutet dies, dass die Lunge perforiert wurde und somit die Gefahr eines Pneumothorax besteht. Dabei dringt Luft in den Spalt zwischen den Lungenfellen, als Folge kollabiert die Lunge, weil der Zug durch das äußere Lungenfell nicht mehr besteht und sich die elastischen Fasern in der Lunge zusammenziehen. Um dies zu verhindern, muss die Wunde (Eintritt- und Austrittstelle) hermetisch abdeckt werden. Am besten eignet sich dazu eine sogenannte *Chest Seal* (Brustdichtung), hier eine Asherman Seal. Dieser lässt zwar Luft aus der Lunge ausströmen, jedoch keine in den Brustkorb.

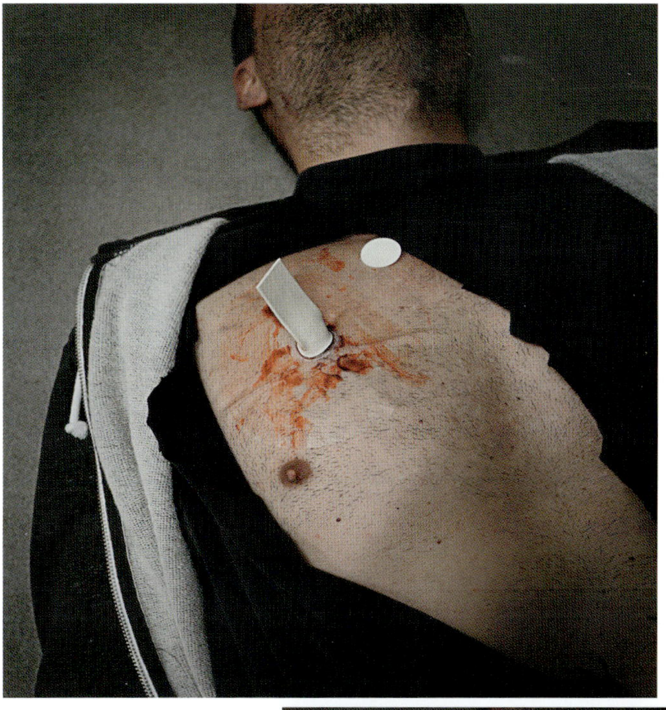

Mit einer Plastik- oder sonstigen Folie und etwas Klebeband kann ebenfalls eine Chest Seal improvisiert werden. Wird nichts unternommen, steigt der Druck im Zwischenrippenraum. Die Folgen sind eine Verlagerung von Organen im Brustkorb, welche, dann auf die gesunde Lunge drücken, so dass diese nicht mehr richtig funktionieren kann. Dabei erstickt der Verletze langsam.

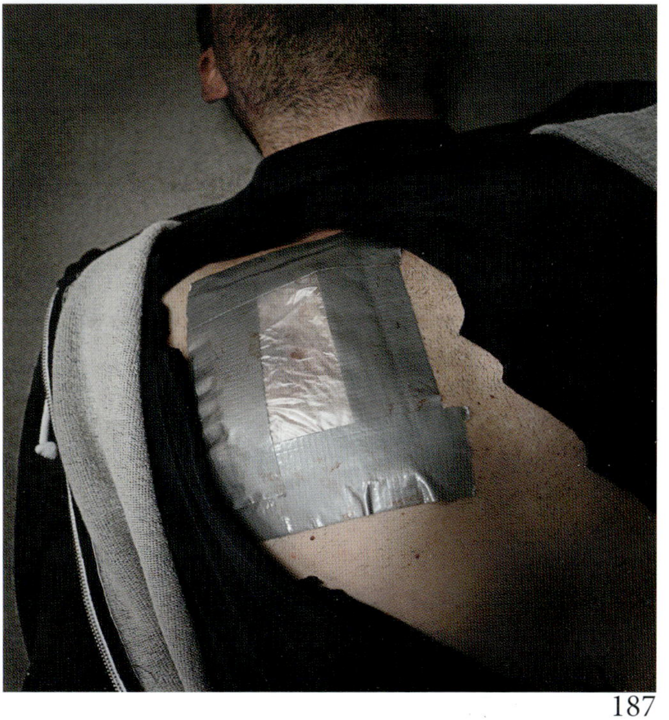

Kapitel 15

AFTER ACTION - PROTOKOLL

Nachdem verdächtige Geräusche im Wohnzimmer wahrgenommen wurden, alles rasant schnell ging und man sich plötzlich gegen den Angriff eines Einbrechers verteidigen musste, liegt dieser nun verletzt auf dem Wohnzimmerboden. Wahrlich ein Horrorszenario, das sich niemand zu erleben wünscht, jedoch durchaus realistisch. Doch was nun?

Zuerst gilt es nach wie vor, die eigene Sicherheit zu berücksichtigen. Dies bedeutet in einem 360°-Rundum-Check sicherzustellen, dass keine anderen Gefahren oder Komplizen vorhanden sind. Dazu reicht ein kurzes Absuchen der Räume. Vom Eindringling darf keine Gefahr mehr ausgehen. Gegebenfalls gefährliche Gegenstände oder gar Waffen entfernen. Im Extremfall Täter unter Waffendrohung in Schach halten.

Danach sollte man sich vergewissern, dass alle Familienangehörigen und weitere Dritte wohlauf sind und diese in einem Zimmer weg vom Ort des Geschehens versammelt sind. Hatte man bisher keine Zeit die Polizei zu rufen, geschieht dies sofort als nächstes.

Medizinische Rettungskräfte können auch mit dem Polizeinotruf angefordert werden. Sofern man emotional in der Lage und es zumutbar ist, ist dem Verletzten unbedingt Erste Hilfe zu leisten. Zudem sollten möglichst keine Spuren kontaminiert oder verwischt werden. Diese können der Polizei Aufschluss auf die tatsächlichen Ereignisse geben. Die Waffe sollte man so belassen wie sie ist (nicht entladen) und der Polizei unbedingt melden.

Um unangenehme Zwischenfälle zu vermeiden, sollte man auf keinen Fall den eintreffenden Polizeibeamten mit der Waffe in der Hand begegnen bzw. die Tür öffnen. Da sich die Spurensicherung in die Länge ziehen könnte: Familienangehörige und Mitbewohner bei Verwandten bzw. Freunden unterbringen.

Was die rechtlichen Aspekte anbelangt, wird empfohlen, der Polizei den Ablauf der Geschehnisse gewissenhaft zu schildern. Jedoch sollten keine detaillierten oder komplizierten Aussagen gemacht werden, ohne vorher einen Anwalt konsultiert zu haben. Auf eine Rechtsbeihilfe sollte man immer bestehen. Erfahrungsgemäß kommt den ersten Aussagen der Beteiligten für die spätere strafrechtliche Beurteilung entscheidendes Gewicht zu. Dies gilt umso mehr, wenn es sich typischerweise um Aussage-gegen-Aussage-Konstellationen handelt. Spätere Widersprüche oder Ungereimtheiten können sich sogar zum Nachteil der Opfer und seiner Glaubhaftigkeit auswirken.

Je nach anwendbarer Prozessordnung verfügen Familienangehörige in der Regel über Zeugen-/Aussageverweigerungsrechte und sind nicht zur Aussage verpflichtet. Sofern Aussagen gemacht werden, sollte stets zum Ausdruck gebracht werden, dass die Wahrnehmung auf Selbsterlebtem oder bloß Erzähltem basiert. Subjektive Vermutungen über den Ablauf der Ereignisse sind als solche zu bezeichnen.

LITERATURHINWEIS

(Auswahl)

- Principle of Personal Defense
by Jeff Cooper

- The Tactical Pistol
by Gabriel Suarez

- The Tactical Shotgun
by Gabriel Suarez

- The Tactical Rifle
by Gabriel Suarez

- Force-on-Force Gunfight Training
by Gabriel Suarez

- The Combative Perspective
The Thinking Man's Guide to Self Defense
by Gabriel Suarez

- The Tactical Advantage
A Definitive Study of Personal Small Arms Tactics
by Gabriel Suarez

- Strategies of Low Light Engagements
by Ken Good

- Tactical Medicine Essentials
by Campell, Dr. Heiskell, Smith and Wipfler

IMPRESSUM

Andrea Micheli

Home Defense

Grundlagen für den Schusswaffengebrauch im Einbruchsfall

Verlag:

S.Ka.-Verlag, Inh. Katrin Schulz
PO BOX / Postfach 81 04 48
D-90249 Nürnberg / Germany
Fax: 0049(0)911-5972661
bestellung@k-isom.com
www.k-isom.com

Fotos: Andrea Micheli

Gestaltung: SuenklerMedia

ISBN: 978-3-9815795-1-2

Haftungsausschluss

Die Nutzung einer Waffe für Selbstverteidigungszwecke unterliegt klar definierten gesetzlichen Auflagen, die zwingend zu beachten sind. Alle dargestellten Konzepte und Techniken setzen eine gewisse Grunderfahrung bezüglich der Handhabung der Waffe und die Einhaltung der Sicherheitsvorschriften voraus. Eine unsachgemäße Handhabung von Waffen kann zu Verletzung bis hin zum Tod führen. Sowohl die Beachtung und Einhaltung der in diesem Buch enthaltenen Anleitungen sowie die darin beschriebenen Methoden entheben den Leser nicht davon, jederzeit den erforderlichen Sorgfaltspflichten beim Umgang mit Waffen und Munition nachzukommen. Für die eigene Sicherheit oder die Sicherheit Dritter ist ausschließlich der Benutzer der Waffe persönlich verantwortlich. Autor und Verlag lehnen jegliche Verantwortung und Haftung für Sach- und Personenschäden, die sich aus dem Gebrauch oder Missbrauch der hier vorgestellten Informationen ergeben, ausdrücklich ab.

FOX
STREAM
LAW ENFORCEMENT FORMULA
MEAN GREEN
FOX LABS
MEAN GREEN
Pfefferspray
MIT GRÜNEM
MARKIERSTOFF
➔ Im Einsatz bei US-Behörden
➔ Grüner Markierstoff zur Identifikation
➔ Direktes Feedback über Trefferbild
➔ Sofortige Stoppwirkung
Fox Labs MEAN GREEN® und
Fox Labs WHITE LIGHTNING®
sind gleich stark
EU MASTERDISTRIBUTOR
Die Hamburger FOXGEAR GmbH & Co. KG ist der
Europäische Masterdistributor für die Produkte von
Fox Labs International, Inc. und Ansprechpartner für
Reseller, Sicherheitsdienste und Behörden.